天皇皇后両陛下
祈りの旅路

NHK出版編

天皇皇后両陛下　祈りの旅路

天皇皇后両陛下　祈りの旅路　目次

●本書は天皇皇后両陛下の平成における自然災害のお見舞い・復興状況のご視察、先の大戦によって倒れた人のご慰霊等に関する写真から厳選して収録したものである。（なお、一部、皇太子、皇太子妃時代の写真も含む）

●「お言葉等」、「御製・御歌」の掲載にあたっては、宮内庁ホームページ、宮内庁編『新装版　道　天皇陛下御即位十年記念記録集』『道　天皇陛下御即位二十年記念記録集』（日本放送出版協会）、『新装版　瀬音　皇后陛下御歌集』（大東出版社）を依拠資料とした。（なお、「お言葉等」については、原文どおりとするが、必要に応じ適宜、抄出した）

平成17（2005）年6月28日
戦後60年にあたり、太平洋戦争の激戦地、米国自治領北マリアナ諸島サイパン島をご訪問。多くの日本人が次々と身を投じていった「スーサイド・クリフ」で祈りを捧げられる天皇皇后両陛下

被災地へのお見舞い

災害に遭った人たちを見舞うため、
被災地や避難所に足を運び、
両膝をついた姿勢で被災した人を慰め励まし、
救護、復旧活動に尽力する人をねぎらい、
犠牲になった人を悼まれる。
人びとの暮らしがいつまでも平穏であるように、
お言葉や行動で示される天皇皇后両陛下。

平成7(1995)年1月31日
阪神・淡路大震災の爪痕が生々しく残っている被災地をバスで視察に回られる
天皇皇后両陛下。移動中のバスの窓ごしに被災者を手話で励まされる皇后さま

平成3（1991）年7月10日
避難住民が生活する島原市立第一小学校をご訪問。両膝を床につき目線の高さを同じにした姿勢で、被災者一人ひとりと言葉を交わされる天皇皇后両陛下

雲仙岳噴火

人々の年《とし》月《つき》かけて作り来《こ》しなりはひの地に灰厚く積む

天皇陛下　平成三年

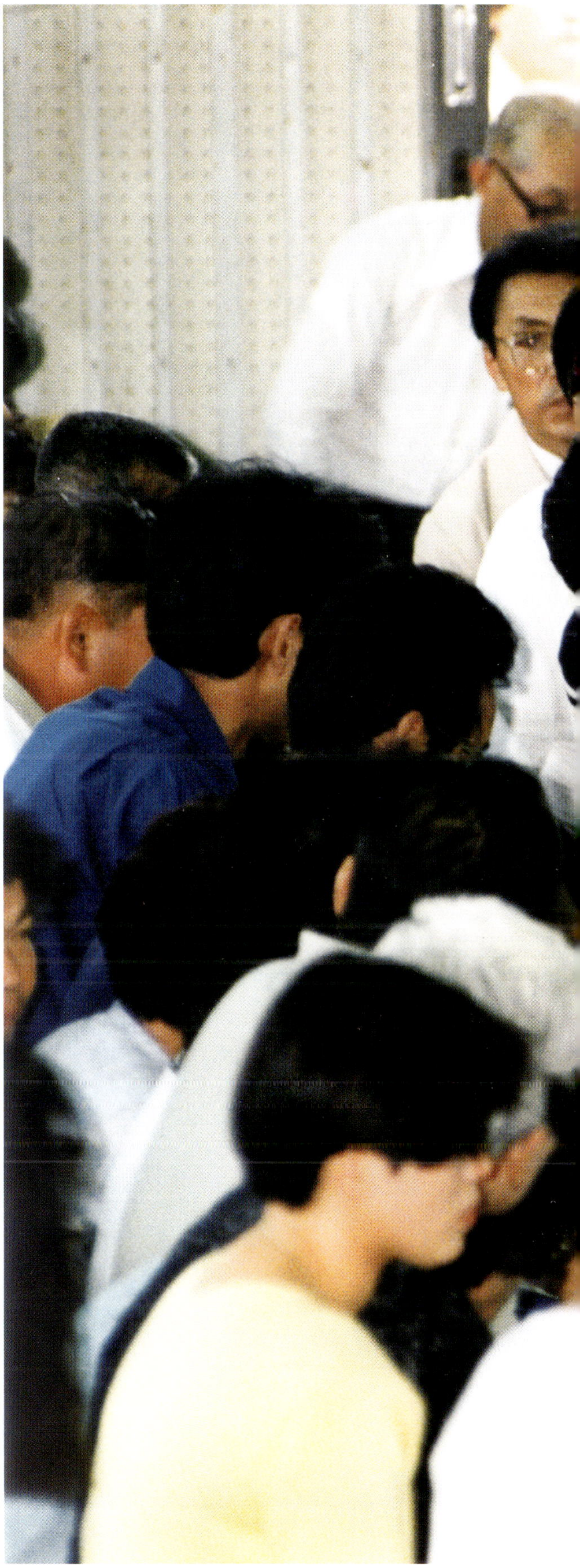

平成5(1993)年7月27日
津波被害を受けた奥尻島を見舞いに訪れ、被災者に声をかけられる

平成5年7月27日
板の間に座り、避災者の言葉に耳を傾けられる天皇皇后両陛下。奥尻町・青苗中学校

春燈

この年の春《しゅん》燈《とう》かなし被災地に雛なき節句めぐり来りて

皇后さま　平成七年

平成7(1995)年1月31日
壊滅的な被害を受けた神戸市長田区の菅原市場に
バスで入り、一面焼け野原の被災地を視察される

平成7年1月31日
神戸市長田区の瓦礫が山積みされた焼け跡に向かって黙禱される天皇皇后両陛下。皇后さまは御所の庭から持参したスイセンの花束を供えられた

被災者の心の支えとなり、
復興と希望のシンボルと
なったスイセン

阪神・淡路大震災で亡くなった少女にちなんで名付けられた「はるかのひまわり」。天皇皇后両陛下は、平成17(2005)年に神戸を訪問した際、「はるかのひまわり」の種子を贈られ、御所で育てられた。写真は御所で採れた種子を皇居東御苑・本丸跡にも播いて咲いたヒマワリ

平成7年1月31日
避難所に身を寄せる一人ひとりに声をかけ励まされる天皇皇后両陛下。西宮市立中央体育館

平成7年1月31日
避難所を見舞いに訪れ、泣き崩れた女性を優しく抱きとめられる皇后さま。神戸市東灘区・本山第二小学校

平成13(2001)年4月24日
震災当時、皇后さまがスイセンを手向けた菅原市場跡地に整備された
「すがはらすいせん公園」の記念碑をご覧になる。神戸市長田区

平成27（2015）年1月17日
「阪神・淡路大震災20年追悼式典」の祭壇に献花、
犠牲者の冥福を祈られる。神戸市・兵庫県公館

平成15（2003）年4月30日
特産の花や観葉植物を栽培する三宅村
「ゆめ農園」をご訪問。東京都江東区

天皇皇后両陛下は、平成12（2000）年の噴火により、4年5カ月島外への避難生活を余儀なくされた三宅島島民を訪ね、励まし続けられた

平成12（2000）年12月20日
避難生活を送る児童を慰問される皇后さま。東京都あきる野市・都立秋川高校

三宅島

ガス噴出未だ続くもこの島に戻りし人ら喜び語る

天皇陛下　平成十八年

平成18(2006)年3月7日
噴火から6年、避難指示解除による帰島から1年、火山ガスの
噴出が心配されるなか三宅島をご訪問。三宅島・阿古小学校

平成16（2004）年11月6日
大勢の人が避難生活を続ける小千谷市の総合体育館を訪れ、
集まってきた人たちに優しく声をかけられる

平成20（2008）年9月8日
大きな被害を受けた旧・山古志村（現・長岡市）に復興状況を視察、
闘牛「牛の角突き」の練習風景をご覧になる

東日本大震災（東北地方太平洋沖地震）に関する天皇陛下のお言葉

この度の東北地方太平洋沖地震は、マグニチュード九・〇という例を見ない規模の巨大地震であり、被災地の悲惨な状況に深く心を痛めています。地震や津波による死者の数は日を追って増加し、犠牲者が何人になるのかも分かりません。一人でも多くの人の無事が確認されることを願っています。また、現在、原子力発電所の状況が予断を許さぬものであることを深く案じ、関係者の尽力により事態の更なる悪化が回避されることを切に願っています。

現在、国を挙げての救援活動が進められていますが、厳しい寒さの中で、多くの人々が、食糧、飲料水、燃料などの不足により、極めて苦しい避難生活を余儀なくされています。その速やかな救済のために全力を挙げることにより、被災者の状況が少しでも好転し、人々の復興への希望につながっていくことを心から願わずにはいられません。そして、何にも増して、この大災害を生き抜き、被災者としての自らを励ましつつ、これからの日々を生きようとしている人々の雄々しさに深く胸を打たれています。

自衛隊、警察、消防、海上保安庁を始めとする国や地方自治体の人々、諸外国から救援のために来日した人々、国内の様々な救援組織に属する人々が、余震の続く危険な状況の中で、日夜救援活動を進めている努力に感謝し、その労を深くねぎらいたく思います。

今回、世界各国の元首から相次いでお見舞いの電報が届き、その多くに各国国民の気持ちが被災者と共にあるとの言葉が添えられていました。これを被災地の人々にお伝えします。

海外においては、この深い悲しみの中で、日本人が、取り乱すことなく助け合い、秩序ある対応を示していることに触れた論調も多いと聞いています。これからも皆が相携え、いたわり合って、この不幸な時期を乗り越えることを衷心より願っています。

被災者のこれからの苦難の日々を、私たち皆が、様々な形で少しでも多く分かち合っていくことが大切であろうと思います。被災した人々が決して希望を捨てることなく、身体《からだ》を大切に明日からの日々を生き抜いてくれるよう、また、国民一人びとりが、被災した各地域の上にこれからも長く心を寄せ、被災者と共にそれぞれの地域の復興の道のりを見守り続けていくことを心より願っています。

平成23（2011）年3月16日

東日本大震災の被災者を見舞ひて

大いなるまがのいたみに耐へて生くる人の言葉に心打たるる

天皇陛下　平成二十三年

平成23（2011）年4月27日
写真を見ながら避災者の言葉に耳を傾けられる天皇陛下。宮城県南三陸町・歌津中学校

平成23年4月27日
震災後、自宅跡地に咲いたスイセンの花束を被災した女性から受け取り、
激励の言葉をかけられる皇后さま。宮城県仙台市・宮城野体育館

がんばろう　日本

平成23年5月11日
東日本大震災の見舞いで避難所を回られる天皇皇后両陛下。福島市・あづま総合体育館

平成23年4月27日
高台にある小学校校庭から、大きな津波被害を受けた被災地に向かって黙礼される。宮城県南三陸町

復興

今ひとたび立ちあがりゆく村むらよ失《う》せたるものの面影の上《へ》に

皇后さま　平成二十四年

平成24（2012）年10月13日
東京電力福島第一原発事故による除染作業が進む福島県川内村を訪問、
川内村立小学校の児童・村民の歓迎をお受けになる

平成26(2014)年7月23日
本格復興を目指す仮設商店街「南三陸さんさん商店街」をご視察。宮城県南三陸町

平成27(2015)年3月14日
震災後、生産を開始した栽培ハウスでイチゴの摘み取りを体験される。宮城県東松島市

平成24（2012）年3月11日
岩手県陸前高田市立高田小学校校庭の特設テントで行われた「東日本大震災津波　岩手県・陸前高田市合同追悼式」。天皇陛下のお言葉が中継される

平成27（2015）年3月13日
大震災で生じた瓦礫を利用して造成した「千年希望の丘」の慰霊碑に黙礼される。宮城県岩沼市

平成27年3月11日
「東日本大震災4周年追悼式」でお言葉を述べられる。東京都・国立劇場

慰霊の旅

日本人が記憶しなければならない四つの日、
沖縄戦終結の日、
広島、長崎に原爆が投下された日、
終戦記念日。
戦後50年・60年・70年、
戦跡や戦禍をこうむった彼我の地を巡り、
先の大戦のすべての犠牲者を追悼し、
平和を願い続けてこられた。

平成6（1994）年2月12日
太平洋戦争の最激戦地の一つで、「玉砕の島」として名を留める硫黄島をご訪問。
「鎮魂の丘」で戦没者の慰霊碑に献水をされる。東京都小笠原村

戦後50年「慰霊の旅」

戦後50年の平成7（1995）年、原爆が投下された長崎・広島、唯一地上戦が行われた沖縄、東京大空襲の犠牲者が祀られている東京都慰霊堂の4カ所を「慰霊の旅」として巡られた。その前年には硫黄島にも足を運ばれている。

平成6年2月12日
「鎮魂の丘」で戦没者の慰霊碑に花束を捧げられる。硫黄島

平成6年2月12日
「硫黄島戦没者の碑」(天山慰霊碑)に拝礼し、ご献水。硫黄島

硫黄島

慰霊地は今安らかに水をたたふ如何《いか》ばかり君ら水を欲《ほ》りけむ

皇后さま　平成六年

終戦五十年に当たり、先の大戦において、特に大きな災禍を受けた四地域を訪問しました。訪問を終えた今、これら四地域にとどまらず、広く日本各地、また、遠い異郷にあって、この戦いにより、かけがえのない命を失った多くの人々と、今なお癒えることのない悲しみをもつ遺族の上に深く思いを致します。

　この五十年の間に、人々のたゆみない努力により、日本は焦土の中から復興し、発展を続けてきました。今日我が国が享受している平和と繁栄が、多くの人々の犠牲の上に築かれていることを深く心に刻み、これからも、この戦いに連なるすべての死者の冥福を祈り、遺族の悲しみを忘れることなく、世界の平和を願い続けていきたいと思います。

平成7(1995)年8月10日
「慰霊の旅」を終えての両陛下ご感想から

平成7(1995)年7月26日
平和祈念像に献花し、原爆犠牲者を慰霊される。長崎市・平和公園

原子爆弾投下されてより五十年経ちて

原爆のまがを患ふ人々の五十年《いそとせ》の日々いかにありけむ

天皇陛下　平成七年

平成7年7月26日
「恵の丘長崎原爆ホーム」を慰問し、入所者と懇談される。長崎市

平成7年7月27日
広島平和都市記念碑(原爆死没者慰霊碑)に花を手向けられる。広島市・広島平和記念公園

平成7年7月27日
広島原爆養護ホーム「倉掛のぞみ園」を慰問し、入所者に声をおかけになる。広島市

平成7年8月2日
沖縄戦などで亡くなった人の名前が刻まれた「平和の礎《いしじ》」をご覧になる。沖縄県糸満市・平和祈念公園

平成7年8月2日
沖縄戦で米軍が最初に上陸した地点から採取した火に、広島「平和の灯」、長崎「誓いの火」を合わせた「平和の火」をご覧になる。沖縄県糸満市・平和祈念公園

平成7年8月3日
東京大空襲の犠牲者を祀る東京都慰霊堂を訪ね、ご供花。東京都墨田区

戦後60年「慰霊の旅」

戦後60年の平成17（２００５）年、海外では初めての「慰霊の旅」として、米国自治領北マリアナ諸島のサイパン島をご訪問。予定になかった沖縄県出身者の慰霊碑、朝鮮半島出身者の慰霊碑にも拝礼された。

平成17年6月28日
多くの日本人住民が身を投じた「バンザイ・クリフ」に深々と黙礼される天皇皇后両陛下。サイパン島

サイパン島

いまはとて島果ての崖踏みけりしをみなの足《あ》裏《うら》思へばかなし

皇后さま　平成十七年

平成17年6月27日
遺族会やマリアナ戦友会の代表ら一人ひとりに声をかけられる。サイパン島

平成17年6月28日
砂浜でマリアナ戦友会の元日本兵から当時の状況をお聞きになる天皇皇后両陛下。サイパン島

平成17年6月28日
日本政府が建立した「中部太平洋戦没者の碑」にご供花。サイパン島

先の大戦では非常に多くの日本人が亡くなりました。全体の戦没者三百十万人の中で外地で亡くなった人は二百四十万人に達しています。戦後六十年に当たって、私どもはこのように大勢の人が亡くなった外地での慰霊を考え、多くの人々の協力を得て、米国の自治領である北マリアナ諸島のサイパン島を訪問しました。(中略)軍人を始め、当時島に在住していた人々の苦しみや島で家族を亡くした人々の悲しみはいかばかりであったかと計り知れないものがあります。この戦闘では米軍にも三千五百人近い戦死者があり、また九百人を超えるサイパン島民が戦闘の犠牲になりました。またこの戦闘では朝鮮半島出身の人々も命を落としています。(中略)六十一年前の厳しい戦争のことを思い、心の重い旅でした。

平成17(2005)年12月19日
天皇陛下お誕生日に際しての記者会見から

平成17年6月28日
高さ200メートル以上の絶壁、「スーサイド・クリフ」で、静かに祈りを捧げられる。サイパン島

平成17年6月28日
頭を垂れ、黙禱される天皇皇后両陛下。スーサイド・クリフ

平成17年6月28日
雨が降り出し、天皇陛下に傘を差し出される皇后さま。サイパン島・アメリカ慰霊公園

平成17年6月28日
儀仗兵に一礼される天皇皇后両陛下。サイパン島・アメリカ慰霊公園

平成17年6月28日
米国人戦没者のための「第二次世界大戦慰霊碑」に拝礼される。サイパン島・アメリカ慰霊公園

平成17年6月28日
現地島民のための「マリアナ記念碑」に拝礼後、遺族代表のチャモロ人の女性とカロリン人の男性とお話しになる。サイパン島・アメリカ慰霊公園

平成17年6月28日
敬老センターを訪ね、現地のお年寄りに近寄り励まされる。サイパン島

沖縄への強い思い

先の大戦で戦場となり、約20万もの犠牲者を出した沖縄には特別の関心を寄せ、皇太子時代から10回も出向かれた天皇皇后両陛下。訪問すると、まず国立沖縄戦没者墓苑や沖縄平和祈念堂を慰霊して巡られる。

平成16(2004)年1月23日
国立沖縄戦没者墓苑で献花を終えられた天皇皇后両陛下。沖縄県糸満市

昭和50（1975）年7月17日
初めて沖縄をご訪問。沖縄戦で犠牲になったひめゆり学徒隊（ひめゆり部隊）の霊を祀った「ひめゆりの塔」でご供花の際、過激派に火炎瓶を投げつけられるという事件が起きた。沖縄県糸満市

昭和50年7月19日
沖縄国際海洋博覧会の開会式で、名誉総裁としてお言葉を述べられる。沖縄県本部町

昭和50年7月19日
厳戒態勢の中、那覇空港でフェンス越しに女子学生と話をされる

昭和40（1965）年8月
沖縄がアメリカの施政権下、昭和38年からスタートした「本土・沖縄豆記者交歓会」。
沖縄の豆記者、浩宮さまとともに琉球舞踊をご覧になる。長野県軽井沢町

昭和51(1976)年1月18日
沖縄国際海洋博博覧会閉会式をご観覧。沖縄県本部町

昭和51年1月17日
沖縄戦の戦場となった伊江島をご訪問、砂糖キビ畑で。沖縄県伊江村

昭和62（1987）年10月25日
「第42回国民体育大会秋季大会」の開会式に出席し、昭和天皇の名代としてお言葉を代読される。沖縄県沖縄市

昭和62年10月24日
戦争遺族らを前に昭和天皇のお言葉を代読し、遺族の苦労をねぎらわれる。沖縄県糸満市・沖縄平和祈念堂

平成5（1993）年4月23日
天皇皇后両陛下として初めての沖縄ご訪問。「ひめゆりの塔」で拝礼、白菊の花束を捧げられる。沖縄県糸満市

平成5年4月25日
「第44回全国植樹祭」で、植樹をされる天皇皇后両陛下。沖縄県糸満市

平成5年4月26日
復元された首里城正殿内をご覧になる。手前は御座所。沖縄県那覇市

平成16(2004)年1月23日
「国立劇場おきなわの開場記念公演」に出席、観客に手を振って応えられる。沖縄県浦添市

平成16年1月25日
国立療養所「宮古南静園」の納骨堂に白い菊の花を供えられる。沖縄県平良市

南静園に入所者を訪ふ

時じくのゆうなの蕾活《い》けられて南静園の昼の穏《おだ》しさ

皇后さま　平成十六年

平成24（2012）年11月18日
「第32回全国豊かな海づくり大会」で稚魚を放流される。沖縄県糸満市

第三十二回全国豊かな海づくり大会　沖縄県

ち《チ》ゆ《ュ》ら《ラ》海《ウミ》よ《ユ》願《ニガ》て《ティ》糸満《イチュマン》の《ヌ》海《ウミ》に《ニ》み《ミ》ー《ー》ば《バ》い《イ》と《トゥ》た《タ》ま《マ》ん《ン》小魚《クイユ》放《ハナ》ち《チ》

天皇陛下　平成二十四年

沖縄は、いろいろな問題で苦労が多いことと察しています。その苦労があるだけに日本全体の人が、皆で沖縄の人々の苦労をしている面を考えていくということが大事ではないかと思っています。地上戦であれだけ大勢の人々が亡くなったことはほかの地域ではないわけです。そのことなども、段々時がたつと忘れられていくということが心配されます。やはり、これまでの戦争で沖縄の人々の被った災難というものは、日本人全体で分かち合うということが大切ではないかと思っています。

平成24（2012）年12月19日
天皇陛下お誕生日に際しての記者会見から

友好親善のために

相手国との友好親善のため、外国訪問や国際親善を機会あるたびに積み重ねてこられた両陛下。一方で、先の大戦の傷跡が残っている国や国民のことも常に気に留め、交流を深めようと努められている。

平成4（1992）年10月24日
日中国交正常化20周年で中国をご訪問。八達嶺の長城で

島

対馬《つしま》より釜山《ふざん》の灯《あかり》見ゆといへば韓国の地の近きを思ふ

皇后さま　平成二年

平成10(1998)年10月7日
国賓として来日した韓国・金大中大統領夫妻を迎えての宮中晩餐後。左から皇太子ご夫妻、皇后さま、金大統領、天皇陛下、大統領夫人、紀宮さま(ご結婚後は黒田清子さん)

平成6(1994)年6月24日
米国をご訪問。ハワイ州ホノルル市の国立太平洋記念墓地(パンチボウル)で戦没者に献花し黙禱される

平成6年6月13日
無名戦士の墓に黙禱される天皇陛下。ワシントン・アーリントン国立墓地

平成6年6月13日
ホワイトハウス南庭での歓迎式典で、クリントン米国大統領とともに国歌吹奏に臨まれる天皇陛下

平成6年6月21日
「プリンセス・ミチコ」のバラが入った歓迎の花束を受け取られる皇后さま。カリフォルニア州サン・マリノ市

平成6年6月13日
ホワイトハウスの歓迎式典後、退出される天皇皇后両陛下とクリントン大統領夫妻

平成10（1998）年5月26日
英国をご訪問。エリザベス女王主催の晩餐会（ロンドン・バッキンガム宮殿）を前に。左からエジンバラ公フィリップ殿下、エリザベス皇太后、両陛下、エリザベス女王

平成10年5月26日
馬車でエリザベス女王と宮殿に向かわれる天皇陛下。ロンドン

平成10年5月28日
天皇皇后両陛下主催の答礼晩餐会でエリザベス女王と話をされる天皇陛下。ロンドンのビクトリア・アンド・アルバート博物館

オランダ訪問の折に

慰霊碑は白夜《びやくや》に立てり君が花抗議者の花とともに置かれて

皇后さま　平成十二年

平成12(2000)年5月23日
オランダをご訪問。オランダの戦没者記念碑前で供花の後、
黙禱を捧げられる。アムステルダムのダム広場

平成12年5月25日
ライデン大学学生寮の女子学生と窓越しに談笑される。ライデン

我が国が、諸外国の日本並びに近隣地域への進出に対応し、それらの国々と国交を結び、独立を守り、国を発展させることができた陰にはオランダとの交流が大きな役割を持っていたと考えられます。このような歴史が続いた後で第二次世界大戦の時に、戦火を交えることになったことは返す返すも残念なことでした。この戦争によって多くの犠牲者が生じ、今なお傷みを抱えている人々がいることは本当に心の痛むことです。このような両国民の間の交流の歴史を全体として認識し、その上に立って、一層の友好関係を進めていきたいと願っていることを伝えたいと思います。

平成12(2000)年5月8日
オランダ、スウェーデンご訪問前記者会見から

平成12年5月24日
児童福祉施設「ミチルスクール」をご訪問。泣き出した少女を抱きしめられる皇后さま。アムステルダム

平成12年5月23日
女王主催の歓迎晩餐会でお言葉を述べられる天皇陛下。
右はベアトリックス女王。オランダ・アムステルダム王宮

戦後70年「慰霊の旅」

戦後70年にあたり、天皇皇后両陛下はかねて強く希望し続けていた太平洋戦争の激戦地・パラオ共和国をご訪問。前年には沖縄、長崎、広島も巡られた。

平成27（2015）年4月9日
「米陸軍第81歩兵師団慰霊碑」に供花される天皇皇后両陛下。パラオ・ペリリュー島

平成26(2014)年6月27日
昭和19(1944)年8月22日、米軍潜水艦に撃沈された学童疎開船「対馬丸」犠牲者の
慰霊碑「小桜の塔」にご供花。沖縄県那覇市

学童疎開船対馬丸《つしままる》

我もまた近き齢《よはひ》にありしかば沁《し》みて悲しく対馬丸思ふ

皇后さま　平成二十六年

平成26年6月27日
対馬丸記念館で学童の遺影をご覧になる。那覇市

平成26年6月27日
「対馬丸」の遺族や生存者と懇談される。那覇市

来たる年が原子爆弾による被災より七十年経つを思ひて

爆心地の碑に白菊を供へたり忘れざらめや往《い》にし彼《か》の日を

天皇陛下　平成二十六年

平成26(2014)年10月11日
「原子爆弾落下中心地碑」に供花、一礼される。長崎市・平和公園

平成26年12月4日
被爆で亡くなった人の名簿が納められている「原爆死没者慰霊碑」に
花を手向けられる。広島市・広島平和記念公園

平成27(2015)年4月8日
パラオ国際空港に到着し、地元の子どもから歓迎の花束を受け取られる。パラオ

平成27年4月8日
パラオ政府主催の歓迎晩餐会で、大統領らと席を並べて
パラオの伝統的な踊りをご覧になる。パラオ・コロール島

本年は終戦から七十年という節目の年に当たります。多くの人々が亡くなった戦争でした。各戦場で亡くなった人々、広島、長崎の原爆、東京を始めとする各都市の爆撃などにより亡くなった人々の数は誠に多いものでした。この機会に、満州事変に始まるこの戦争の歴史を十分に学び、今後の日本のあり方を考えていくことが、今、極めて大切なことだと思っています。

平成27（2015）年1月
新年に当たり天皇陛下のご感想から

太平洋に浮かぶ美しい島々で、このような悲しい歴史があったことを、私どもは決して忘れてはならないと思います。

平成27年4月8日
パラオご訪問出発に当たり
天皇陛下のお言葉から

平成27年4月9日
海上保安庁巡視船に搭載されたヘリコプターでパラオ・ペリリュー島にご到着

平成27年4月9日
日本政府が建立した「西太平洋戦没者の碑」に供花し、深々と一礼される。パラオ・ペリリュー島

平成27年4月9日
海辺に立ち、守備隊が玉砕したアンガウル島に向かって拝礼される。パラオ・ペリリュー島

平成27年4月9日
慰霊碑に拝礼後、元日本兵や遺族らに労りの言葉をかけられる天皇皇后両陛下。パラオ・ペリリュー島

平成27年4月9日
米軍が上陸し、激しい地上戦が繰り広げられた砂浜「オレンジ・ビーチ」をご覧になる。パラオ・ペリリュー島

平成27年4月9日
「米陸軍第81歩兵師団慰霊碑」に花輪を供え、黙禱される。パラオ・ペリリュー島

戦争の記憶を伝え続ける

戦争体験を風化させてはならない。戦争の記憶が薄れつつある今、戦争や平和への思いを次世代に伝えることが自らの責務であるという天皇皇后両陛下。慰霊と平和への祈りを込めた旅は続く。

昭和20（1945）年3月18日
3月10日の東京大空襲で、一面焼け野原と化した被災地を視察する昭和天皇。富岡八幡宮境内
（平成24〈2012〉年8月12日、天皇皇后両陛下、東京都・江東区の富岡八幡宮で東京大空襲の被災体験者と懇談される）

昭和20(1945)年8月
終戦を前に疎開先で撮影された学習院初等科6年生の明仁《あきひと》皇太子(中央)。栃木県日光市

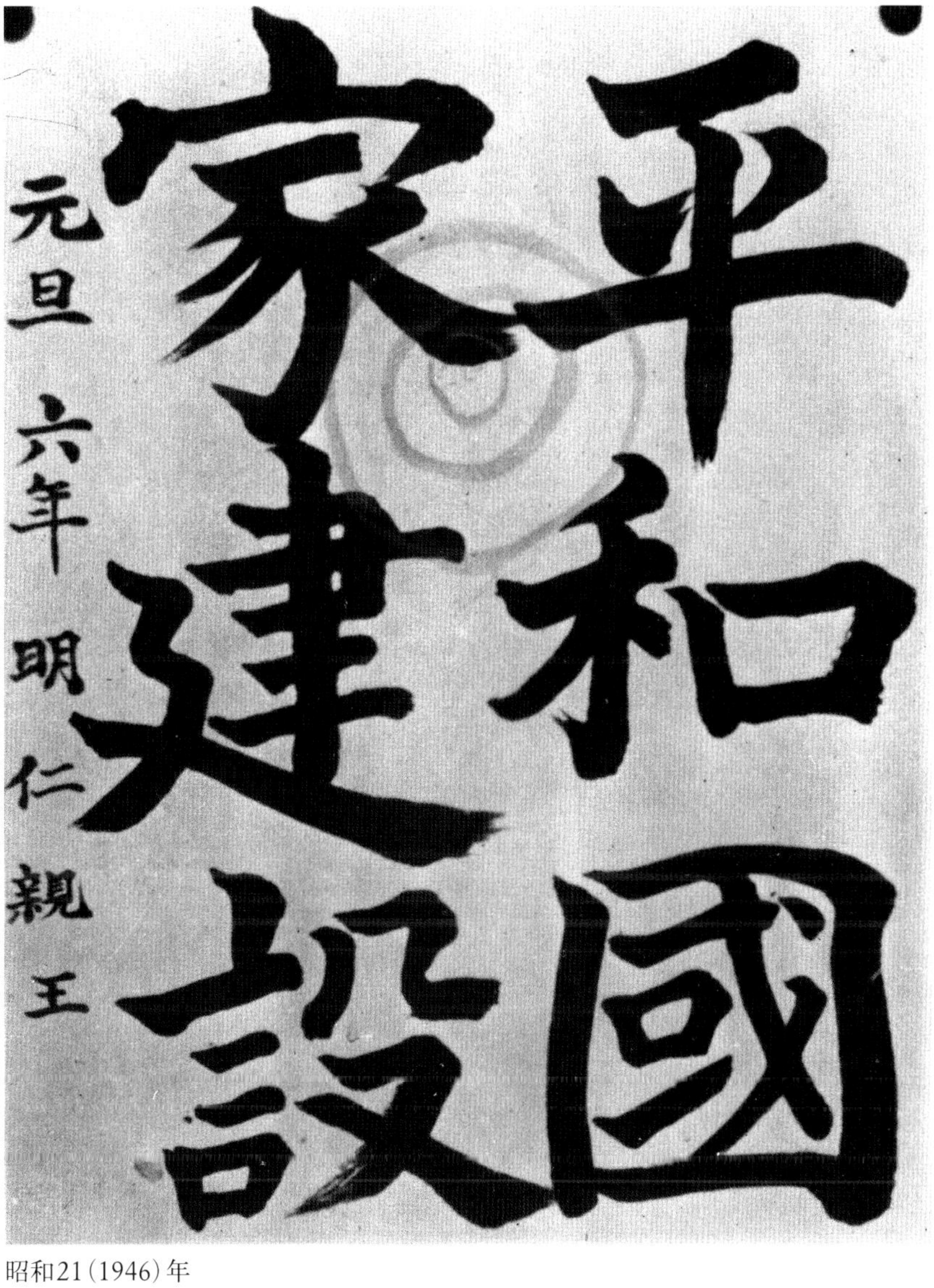

昭和21（1946）年
明仁皇太子、正月のお書き初め「平和國家建設」

旧日光田母沢御用邸を訪ねて

疎開せし日光の住処《すみか》五十年《いそとせ》を越えたる夏におとなひにけり

天皇陛下　平成八年

平成8(1996)年7月26日
皇太子だった学習院初等科時代に疎開していた旧・日光田母沢《たもざわ》御用邸を、
紀宮さま(黒田清子さん)とともにご訪問。栃木県日光市

平成26(2014)年8月16日
学童疎開船「対馬丸殉難70年・鎮魂と平和への祈り」展をご覧になる秋篠宮ご一家。東京都新宿区

千《ち》振《ふり》開拓地を訪ねて

たうもろこしの畑続ける那須山麓かの日を耐へし開拓者訪《と》ふ

天皇陛下　平成十七年

平成17(2005)年9月2日
旧満州から引き揚げてきた人たちが入植、開拓した千振開拓地を訪ね、秋篠宮さま、紀宮さま(黒田清子さん)、眞子さまと開拓記念碑をご覧になる天皇皇后両陛下。栃木県那須町

平成22（2010）年8月24日
大日向開拓地の野菜畑を散策される。長野県軽井沢町

平成27(2015)年6月17日
終戦後、パラオから引き揚げてきた人によって開拓された宮城県蔵王町の北《きた》原《はら》尾《お》をご訪問。
「北のパラオ」の意味で名付けられた同地区の開拓記念碑前で写真をご覧になる

私にとり戦争の記憶は、真向かわぬまでも消し去ることの出来ないものであり、戦争をより深く体験した年上の方々が次第に少なくなられるにつれ、続く私どもの世代が、戦争と平和につき、更に考えを深めていかなければいけないとの思いを深くしています。

平成17（2005）年
皇后さまお誕生日に際して、
記者質問への文書回答から

平成15(2003)年11月16日
「奄美群島日本復帰50周年記念式典」にご出席。鹿児島県名瀬市(現・奄美市)

ラトビア占領博物館

シベリアの凍てつく土地にとらはれし我が軍人《いくさびと》もかく過しけむ

天皇陛下　平成十九年

平成19(2007)年5月25日
ラトビアをご訪問。多数のラトビア人が送られたシベリアの強制収容所の展示をご覧に。ラトビア・リガの占領博物館

平成22（2010）年6月4日
太平洋戦争で犠牲となった民間の船員らを慰霊する「第40回戦没・殉職船員追悼式」で献花される。神奈川県横須賀市・観音崎公園

平成25(2013)年10月3日
「戦傷病者特別援護法制定50周年・財団法人日本傷痍軍人会創立60周年記念式典」にご出席。先の大戦で負傷したり、障害を負った元軍人たちでつくる財団法人「日本傷痍軍人会」はこの式典後、11月に解散した。東京都・明治神宮会館

平成27（2015）年8月15日
「全国戦没者追悼式」に出席、お言葉を述べられる天皇皇后両陛下。東京都・日本武道館

「戦没者を追悼し平和を祈念する日」に当たり、全国戦没者追悼式に臨み、さきの大戦において、かけがえのない命を失った数多くの人々とその遺族を思い、深い悲しみを新たにいたします。

　終戦以来既に七十年、戦争による荒廃からの復興、発展に向け払われた国民のたゆみない努力と、平和の存続を切望する国民の意識に支えられ、我が国は今日の平和と繁栄を築いてきました。戦後という、この長い期間における国民の尊い歩みに思いを致すとき、感慨は誠に尽きることがありません。

　ここに過去を顧み、さきの大戦に対する深い反省と共に、今後、戦争の惨禍が再び繰り返されぬことを切に願い、全国民と共に、戦陣に散り戦禍に倒れた人々に対し、心からなる追悼の意を表し、世界の平和と我が国の一層の発展を祈ります。

平成27（2015）年8月15日

「全国戦没者追悼式」のお言葉

真心を寄せ続ける両陛下の歩み

所　功（京都産業大学名誉教授　モラロジー研究所教授）

象徴天皇の重要な三大任務

わが国の天皇は、『皇統譜《こうとうふ》』によれば、百二十五代を数え、二千年近く連綿と続いている。ただ、現在の天皇は、七十年程前（昭和二十一年十一月三日）公布された「日本国憲法」のもとにあるので、その制度を確認することから始めよう。

この現行憲法は、第一章に「天皇」という格別の枠を設け、第一条に「天皇は、日本国の象徴であり日本国民統合の象徴であって、この地位は、主権の存する日本国民の総意に基く」と定める。しかも第二条に「皇位は、世襲のもの」とする。

この両条を併せて解すれば、天皇の地位は、大和朝廷以来の血縁子孫が世襲により継承することを、主権者とされる日本国民が総意で承認していることになる。

また、その地位に伴う役割は、日本という国家を人格的に代表し、全国民の統合状態を人格的に体現するようなシンボルである、ということが求められているといえよう。

しかし、そういう制度上の象徴天皇は、具体的に何を為すべきか（為しうるか）、必ずしもはっきりしていない。もちろん、憲法の第六条に「天皇は、国会の（多数決による）指名に基て、内閣総理大臣を任命する」とか、第七条で「天皇は、内閣の助言と承認により、国民のために、左の（十項目の）国事に関する行為を行ふ」と記される。けれども、これが決してすべてではない。

　事実、現行憲法の施行以降、昭和天皇および今上陛下が国家・国民のために行って来られたことは、きわめて多種多様である。主要なものを大別すれば左の三種類にまとめられよう。

　Ⅰ　憲法の定める国事行為
　Ⅱ　象徴としての公的行為
　Ⅲ　皇室における祭祀行為

　このうちⅠには、（イ）行政府・司法府の高官を任命したり認証すること、（ロ）法律・政令・条約を公布すること、（ハ）国会を召集したり衆議院を解散すること、（ニ）勲章などの栄典を授与すること、（ホ）外国から来る大使の信任状を受理したり外交文書を認証すること、などが含まれる。

　いずれも大変重要な国事である。しかし、第三条で「すべての行為には、内閣の助言と承認を必要とし」、しかも第四条で天皇は「国政に関する権能を有しない」と規制されているため、いわば儀礼的な行為の域を出ない。

　それに対してⅡは、明文上の定めがなく、国家・国民統合の象徴として、行われることが望ましい（ふさわしい）と考えて始められ続けられてきた公的な行為である。たとえば、

（1）歌会始・講書始や春秋の園遊会などの主宰
（2）来日する国賓・公賓の歓迎行事などの応接
（3）国家的な儀式行事や記念式典などへの臨席
（4）招請された国への親善訪問や行事への参列
（5）福祉施設・被災地・文化行事などへの訪問
（6）招待者（叙勲者・大公使など）との面会

など多方面にわたっている。しかも、それが平成に入るころから内外の要望により、益々増えている。

　さらにⅢは、ほとんど神道祭式で行われるために、いわゆる政教分離の原則を重んずる現行憲法のもとでは〝皇室の私的行事〟とみなされている。けれども、その祭祀は、日本の自然神や皇室の祖先神に対して、国家の安泰と国民の平安を祈念する行為がほとんどであるから、公的な意味をもっている。

　それは戦後も、明治時代に定められた「皇室祭祀令」に準拠して、内廷《ないてい》（天皇直属）職員の奉仕により、宮中の三殿および神嘉殿《しんかでん》を中心に行われる（他に伊勢の神宮や各地の陵墓における祭祀もある）。

　ちなみに、宮中（皇居西南の吹上御苑の一角）に建つ三殿は、天祖天照大神を祀る賢所《かしこどころ》、皇祖神武天皇から前帝までの歴代と全皇族を祀る皇霊殿《こうれいでん》、全国の天神地祇《てんじんちぎ》を合祀する神殿を指す。三殿の西隣には新嘗祭《にいなめさい》の行われる神嘉殿がある。

　宮中祭祀は、大祭と小祭および関連行事から成る。まず大祭というのは、天皇が祭主となり告文《つげぶみ》（祝詞《のりと》に相当）を奏し拝礼される。正月三日の元始祭《げんしさい》から十一月の新嘗祭までに、特定の式年祭を含めて、年間十回ほどある。

　ついで小祭というのは、掌典《しょうてん》長（祭祀の責任者）が祭主を務め

天皇が拝礼される。元日の歳旦祭《さいたんさい》から十二月の天長祭までに、歴代の式年祭を含めて、年間十回ほどある。

さらに関連行事は、天皇の出御される元旦の四《し》方拝《ほうはい》、六月末と十二月末の節《よ》折《おり》・大祓《おおはらい》、および毎月三回の旬祭《しゅんさい》、毎朝の侍従による宮中三殿の御代拝などがある。

これらⅠⅡⅢが、象徴天皇の三大任務といえよう。念のため、ここにいう式年祭は、天皇崩御後三年・五年・十年・二十年・三十年・四十年・五十年・百年と以後百年ごとに宮中の皇霊殿と各地の御陵で行われる。近祖（前四代まで）の式年祭は大祭、遠祖（皇祖と近祖を除く歴代）の式年祭は小祭である。

少年皇太子の強いご決意

このような三大任務を日々遂行されている今上陛下は、昭和八年（一九三三）十二月二十三日朝、昭和天皇（32歳）と香淳《こうじゅん》皇后（30歳）の間に長男として誕生された。御名は「明仁」、幼称を「継宮《つぐのみや》」と称する。

お二人の間には、すでに四名の皇女があった。けれども、明治二十二年（一八八九）以来の「皇室典範」により、皇位を継承しうるのは「皇統に属する男系の男子」に限られていた。そのため、早くから「お世継ぎ」が待望され、元気な皇子誕生の朗報に日本国中が喜びの声で満ちあふれたという。

継宮明仁親王は、昭和十五年春（6歳）から、学習院初等科へ通われ始めた。しかし、大戦の状況が厳しくなると、同十九年の五月、沼津の御用邸に疎開、七月、日光の田《た》母《も》沢《ざわ》御用邸へ移って寒い厳しい冬を越ごし、翌二十年七月、奥日光へ移られた。

そしてその二十年夏、初等科六年生（11歳）の少年皇太子は、疎開先で終戦を迎えられる。八月十五日正午、ラジオに対座して父帝の玉音放送を拝聴されるのみならず、東宮大夫《とうぐうだいぶ》兼東宮侍従長に就任早々の東大名誉教授（民法学者）穂《ほ》積《づみ》重遠《しげとお》博士（62歳）から「終戦詔書」の趣旨説明を受けた後に「新日本の建設」と題する作文を書いておられる。

その全文が、まもなく天皇の侍従次長となった木下道雄氏（58歳）の『側近日誌』（平成二年、文藝春秋刊）に転写されているので、要点を原文のまま抄出しよう（読みやすくするため、字体を直し濁点・読点を加え、改行も多くし番号を冠した）。

（1）今度の戦で……国民が忠義を尽くして一生懸命に戦つたことは感心なことでした。

（2）けれども戦は負けました。それは英米の物量が我が国と較べ物にならない程多く、アメリカの戦争ぶりが非常に上手だつたからです。

（3）それに日本人が大正から昭和の初めにかけて、国の為よりも私事を思つて自分勝手をしたために、今度のやうな国家総力戦に勝つことが出来なかつたのです。

（4）これから……どんなに苦しくなつても、このどん底からはい上がらなければなりません。それには、日本人が国体護持の精神を堅く守つて一致して働かなければなりません。

（5）今度からは……つぎの世を背負つて新日本の建設に進まなければなりません。それも皆、私の双肩にかかつてゐるのです。

（6）それには、先生方・傅育《ふいく》官（教育係）のいふ事をよく聞いて実行し、どんな苦しさにもたへしのんで行けるだけのねばり強さを養ひ、もつともつとしつかりして、明治天皇のやうに皆から仰がれるやうになつて、日本を導いて行かなければならないと思ひます。

何と見事な洞察、何と健気《けなげ》なご決意であろうか。まだ十一歳八ヶ月ながら、「新日本の建設」は「私の双肩にかかつてゐる」ので、「どんな苦しさにもたへしのんで行けるだけのねばり強さを養ひ」「日本を導いて行かなければならない」と覚悟されている。これは、おそらく今上陛下の原点であり、それを常に忘れず「ねばり強さを養ひ」精進を重ねてこられたからこそ、「皆から仰がれる」天皇となられたのだと思われる。

しからば、このようなご見識は、どのようにして養われたのだろうか。それは、ご歴代の資質を受け継がれているのみならず、ご誕生以来、ご両親の両陛下をはじめ周辺の方々のご教導によるものとみられる。また学校教育では、学習院初等科の役割が大きい。

少年皇太子のクラス担任は、六年間を通して鈴木弘一教授（明治三十年生~平成元年没）であった。十年程前、東京の古書店主がその遺品（教務記録など）を入手し、その一部（御作文の写しなど）を公開したことがある。

それによると、たとえば昭和十九年正月、鈴木教授（47歳）から「新年の御決意をお書きになる」よう勧められた明仁親王（10歳）は、「べんきやうも運動もよくして、大きくなつたら日本をせを（背負）つて立つ人にならなければなりません」と書いておられる（平成十七年十二月四日『朝日新聞』朝刊）。

それゆえに八ヶ月後、敗戦に伴い「どん底」に陥った日本の再建は「私の双肩にかかつてゐる」というような決意を表明されることもできたのであろう。

疎開少女に刻まれた深い感銘

一方、のちに皇太子妃から皇后となられる美智子さまは、昭和九年（一九三四）十月二十日、正田英三郎・富美子夫妻の長女として東京で誕生された。同十六年春、雙葉《ふたば》小学校に入られたが、大戦の激化により、いったん神奈川県の鵠沼《くげぬま》、ついで群馬県の館《たて》林《ばやし》、さらに長野県の軽井沢へ疎開し、やがて同二十二年春、聖心女子学院中等科へ進んでおられる。

その疎開中、父上から差し入れられた「子供のために書かれた日本の神話伝説の本」を読まれた少女美智子さまは、それによって「個々の家族以外にも、民族の共通の祖先があることを教え」られ、「私に一つの根っこのようなものを与え」られた、と約半世紀後（平成十年秋）、ＩＢＢＹ（国際児童図書評議会）国際大会用の基調講演「子供の本を通しての平和―子供時代の読書の思い出」において語られたことがある。

その中で「一つ忘れられない話（『古事記』にみえる物語）」として、倭建御子《やまとたけるのみこ》が弟橘比売命《おとたちばなひめのみこと》を伴って東国へ遠征の途上、「敵の謀《はかりごと》にあって草に火を放たれ」た時、皇子は「燃える火に追われて逃げまどい」ながら姫を懸命に守って「九死に一生を得た」ことがあり、それゆえ次に渡ろうとした海が荒れて船が進めなくなると、姫は「自分が海に入り海神のいかりを鎮めるので、皇子はその使命を遂行し（父帝に成果を）覆奏してほしい、と云い入水し、皇子の船を目的地に向かわせ」たが、その際に詠まれたという次のような御歌が伝わっている。

さねさし相武《さがむ》の小野《をの》に燃ゆる火の　火中《ほなか》に立ちて問ひし君はも

当時の美智子さまは、これを読まれて、「〃いけにえ〃という酷《むご》い運命を、進んで自らに受け入れながら、恐らくはこれまでの人生で、最も愛と感謝に満たされた瞬間の思い出を歌っていることに、感銘という以上に、強い衝撃を受け……愛と犠牲という二つのものが、私の中で最も近いものとして、むしろ一つのものとして感じられた、不思議な経験であった」と述べておられる（宮内庁編『道―天皇陛下御即位十年記念記録集』平成十一年、日本放送出版協会所収。宮内庁侍従職監修『歩み―皇后陛下お言葉集』平成十七年、海竜社刊には英訳も併載）。

当時満十歳（小学校五年生）の聡明な少女が、『古事記』に基づく物語から、このような「愛と犠牲の不可分性」を鋭く読み取り「感銘」以上の「強い衝撃」を受けられたことは、きわめて重要な意味をもっている。

それは、やがて聖心女子大学の外国語外国文学科で児童文学を専攻される一つの動機となったかもしれない。さらに、皇太子妃として皇室に入る非常なご決心をされえたのも、愛の極致が真の自己犠牲にほかならないことを、幼少期に学んでおられたからではないかと想われる。

この基調講演において、美智子さまは新美南吉《にいみなんきち》作『でんでんむしのかなしみ』やソログーブ作『身体検査』などを読んで、「悲しみは誰もが皆負っている」と気づくことにより、「悲しみに耐える心が養われると共に、喜びを敏感に感じとる心、又、喜びに向かって伸びようとする心が養われることが大切だ」と語っておられる。

すでに平成の初めから〝国母〟とも仰がれる皇后陛下の大いなる慈《いつく》しみは、このあたりから湧き出しているのであろうか。

小泉信三参与から学ばれたこと

皇太子明仁親王は、昭和二十一年春（12歳）学習院の初等科を卒え、小金井で開設された中等科へ進み、週の半分は仮設の東宮御所、半分は同級生と寄宿舎で質素な生活をされた。ただ、その秋から同二十五年末まで四年余り、米国から招かれたバイニング夫人に英語などを学んでおられる。

しかも、それ以上に大きな意味をもったのが、小泉信三博士（明治二十一年生～昭和四十一年没）に学ばれたことであろう。博士は戦時中に一人息子（海軍少尉）が南方で戦死し、東京大空襲で瀕死の重傷を負った。にもかかわらず、敗戦直後、慶應義塾の塾長として学生らに「衣食足らざるも礼節を守れ」と呼びかけ、自ら範を示す気骨の教育者であった。

それゆえ、これから本格的な帝王教育の必要な皇太子のために、宮内省（のち庁）は、昭和二十一年四月から博士を「東宮職参与」に迎えた。ついで同二十四年二月から「東宮御教育常時参与」に任じられた博士は、晩年（78歳）まで十数年間、その大任完遂に全力を尽くしている。

常時参与の務めは、おもに常盤《ときわ》松《まつ》（國學院大學近く）の東宮仮御所に赴いて毎週二回ほど行われた。そこでは、福沢諭吉の『帝室論』や幸田露伴の『運命』などを音読しながら、いわば「雑談式の御授業」が多かった。もちろん、その主目的は「将来の君主としての責任」「怠るべからざる義務」へのご自覚を高め深めることにほかならない。

それを証する貴重な資料の一つが残っている。数年前（平成二十年）、博士の「生誕一二〇年展」に際して初公開された昭和二十五年四月二十四日の「御進講覚書」である（『アルバム小泉信三』慶應義塾大学出版会刊に全文翻刻）。

これは学習院高等科二年生の殿下（16歳）に対して「経済学の一般的な要項」を講義する際、それだけでなく「皇太子としてお弁《わきま》えになって然るべき社会的事物一般に関する知識、或は御心得に及ぶ」ためと断って、次のようなことが記されている（要点抄出、括弧内は私的に補う）。

（イ）戦敗国に於ては、民心が王室を離れ、或は怨み、君主制がそこに終りを告げるのが通例であります（仏・露・独・墺・伊など例示）。

（ロ）（しかし）ひとり日本は例外をなし、悲しむべき敗戦にも拘らず、民心は皇室をはなれぬのみか……却って相近づき相親しむに至った……。
（ハ）（それは）何故であるか。一には長い歴史でありますが、その大半は（今上）陛下の御君徳によるものであります。
（ニ）（今上）陛下が平和を愛好し給ふこと、学問芸術を御尊重になりますこと、天皇としての義務に忠なること、人に対する思ひ遣りの深くおいでになりますことを（国民が）存じあげて居り、この事が敗戦といふ日本の最大不幸に際しての混乱動揺を最小限に止めさせた所以《ゆえん》であると存じます。
（ホ）（それゆえ）殿下に於てこの事を深くお考へになり、皇太子として、将来の君主としての責任を御反省になることは殿下の些《いささ》かも怠るべからざる義務であることを、よくお考へにならねばなりませぬ。
（ヘ）（天皇は）何等の発言をなさざるとも、君主の人格、その識見は、自《おのずか》ら国の政治に良くも悪くも影響するのである。殿下の御勉強と修養とは、日本の明日の国運を左右するものと御承知ありたし。
（ト）注意すべき行儀作法／気品とデイグニチイ（威厳）は間然すべきなし／To pay attention to others（ほかの人々に注意を払うこと）／人の顔を見て話を聞くこと、人の顔を見て物を言ふこと／Good manner（良き礼儀）の模範たれ。

このような帝王教育は、皇太子礼の行われた昭和二十七年秋（18歳）ころ、すでに相当な成果をあげていた。小泉参与（64歳）が『毎日新聞』に求められて寄せた小文「これからの皇太子殿下」（十二月十八日朝刊）によれば、明仁親王は「義務心の強い（dutiful）方で」「気の進まれぬことでも、それが義務とあれば、殿下は常に一所懸命になさる」という。しかも今後「世の君主たり王子たるものの第一の義務が、人の疾苦を思うに在ること、人は人に仕える（serve）ことによって、はじめて真に仕えられる（be served）資格を得ることを、強い確信として体得なさるであろう」と、期待を寄せている。

この若きプリンスは、翌二十八年六月、英国女王の戴冠式に参列し、その前後に米欧十四ヶ国を歴訪された。しかも、帰国後から数年かけて、エリザベス女王の祖父ジョージ五世の伝記（H.Nicolson “King George the Fifth;His Life and Reign” 1952）原文五三一頁を、小泉参与と二人で丹念に訳読しておられる。

小泉博士が特に本書を選んだのは、ジョージ五世（一九一〇即位～一九三六崩御）が「義務に忠なる王」であり、「誠実と信念の一貫」により「英国民が安定感を失わなかった」ことを学びうること、また「責任と負担ばかり多く、慰楽と休息の少ない、君主の生活というものが、東西ともに変わらない」事実を知られたら「殿下を、一面において励まし、他面においてお慰めするであろうと思」ったからだという（同氏が皇太子ご成婚後に書いた「立憲君主制」『心』昭和三十四年十一月号掲載。のち『國を思ふ心』文藝春秋新社所収）。この原書講読などを通じて、殿下は参与から多くのことを学ばれたにちがいない。

成年皇太子としてのお務め

　こうして広義の帝王学を身につけながら成長された皇太子殿下は、やがて昭和三十四年（一九五九）四月、正田美智子嬢（24歳）と結婚された。そして、まもなく二男一女に恵まれ、理想的な家庭を築いておられる。しかしながら、それは決して単なるマイ・ホームではない。

　皇太子は、法的に天皇の地位を受け継ぐ「皇嗣《こうし》」であるから、満十八歳の成年式後は天皇を助けて公的な儀式・行事などに出る機会が次第に多くなる。それを明仁親王は、積極的に執り行われ、将来に備えて来られた。

　たとえば、すでに前述のとおり昭和二十八年六月（19歳）、昭和天皇（47歳）の御名代として英国女王の戴冠式に参列する大役を果たされた。同行した東京新聞の記者によれば、式場でエリザベス女王が通られる時、「殿下はきっと姿勢を正した。そして堂々と頭を下げた。立派な態度だった。まことにきれいな、心のこもった敬礼である。」と感嘆している（『経済』同年九月号。のち三の丸尚蔵館編『天皇陛下　昭和二十八年欧米十四ヶ国の旅』特別展示図録所収）。

　また昭和三十四年（25歳）ご成婚半年後、九月に東海地方を襲った伊勢湾台風の被災地を、天皇の御名代として視察され、「肉親を失った人達のことを考えると、胸がしめつけられる思いです」「被災地の皆さんが困難な中から再び立ち上がって、生きる光明を見出されることを心から祈っております」と述べておられる（薗部英一氏編『新天皇家の自画像―記者会見全記録』〈平成元年、文春文庫〉。これ以下も皇太子期のご発言は本書、また御歌は宮内庁東宮職編『ともしび―皇太子同妃両殿下御歌集』〈昭和六十一年、婦人画報社〉による）。

　ついで昭和三十九年（30歳）東京オリンピック直後、第一回パラリンピック東京大会では、名誉総裁を務められた。それを機に「障害をもつ人々がスポーツを通じて新たな人生を見出す」ことに力を尽くされる。とくに翌秋岐阜で始まった「全国身体障害者スポーツ大会」には、以後毎年臨席され、各地域の身障者施設などを訪問し、激励し続けておられる。

　しかも同五十三年（44歳）には、「和弓を身体障害者ができるような形になるといい」とか、身障者スポーツも欧米流だけでなく「日本の国情にふさわしい形になっていけば（いい）」と、具体的な提案までされている。

　さらに、産業経済の急成長と反比例して多発した公害問題にも、早くから心を痛めておられる。たとえば、昭和四十四年八月（35歳）の会見で、「私は人の健康・生命を大切にすることが第一だと思います」「これまでも工場視察の際には、いろいろ（弊害も）質問して、注意を喚起するようにしてきました」と述べられ、また同五十年（41歳）、父君と同じく生物科学者として「公害問題は、もっと学問的基礎の上で事実としてあつかわなければならない」と注意されている。

しかも、それを言いっ放しにされず、みずからできることを行い続けてこられた。たとえば、昭和五十六年（47歳）から始まった「全国豊かな海づくり大会」の式典には、毎年（即位後も）お出ましになられ、「海と川をきれいにすることは、国民全体が考えなければならない問題」と述べておられる。

真心こめて宮中祭祀にご精励

今上陛下は、即位以前から、このようなことを常に考えられ、その実践に努めてこられた。これは、長年にわたる帝王学の成果といえよう。

現に満五十歳（昭和五十八年十二月）の会見で、「好きな言葉」として、小泉参与から教えられた『論語』の「夫子《ふうし》の道は忠恕《ちゅうじょ》のみ」をあげられ、「自己の良心に忠実で、人の心を自分のことのように思いやる精神です。この精神は、一人一人にとって非常に大切であり、さらに（現在の）日本国にとっても忠恕の生き方が大切ではないか」と指摘しておられる。

しかも、より根本的には、「人の心を思いやる精神」こそ、皇室の伝統にほかならないことを、しっかり継受されている。

それは伴侶の妃殿下（皇后陛下）も十分に理解しておられる。たとえば、昭和六十年十月（47歳）の会見で、「歴代の天皇方が、まずご自身のお心の清明ということを目指されて、また自然の大きな力や祖先のご加護を頼まれて、国民の幸福を願っていらした」「その伝統を踏まえる限り、どんな時代でも皇室の姿というものに変わりはない」と見事に述べ尽くされている。

その伝統的なお務めとして最も重要視されているのが「宮中（皇室）祭祀」にほかならない。前述のごとく、現行法下では、天皇の私的行為と解されており、ほとんど一般に知られないが、黙々と励行されている。

それは原則として天皇の行われることであるが、ほとんどの大祭には、皇后と皇太子・同妃が宮中三殿の殿内で拝礼（他の皇族方は階下から拝礼）される。また小祭には、皇太子が殿内で拝礼される。したがって、皇太子殿下は成年式後、その両方に必ず出ておられる。

たとえば、元旦五時半ころ、天皇は神嘉殿の前庭から伊勢の神宮はじめ四方の神々を遥拝《ようはい》する「四方拝」をなさる。ついで賢所・皇霊殿・神殿の順に各内陣で「歳旦祭」（小祭）を行われるが、その直後に皇太子も三殿（賢所→皇霊殿→神殿）の内陣で拝礼される。それを終えられるころ、ようやく空が明るくなる。その光景を詠まれたのが、昭和四十九年正月（40歳）の歌会始で披講された次の御歌である。

神殿《しんでん》へ簀子《すのこ》の上を進み行く　年の始《はじめ》の空白み初《そ》む

大祭の中でも特に重要な「新嘗祭」は、宮中三殿の西隣に建つ神嘉殿の母屋《もや》で、十一月二十三日の夕方六時から八時までの「夕《よい》の儀」および夜十一時から翌未明一時までの「暁《あかつき》の儀」が行われる。そこでは天皇ご自身が新穀（米・粟）などの神饌《しんせん》を神々に供進され、「告文」を読まれる。

その数時間にわたって、殿外で燎《ともしび》が焚かれ、雅楽も流れるなか、皇太子殿下は母屋の西脇の隔殿《かくでん》に待座して、一子相伝の秘儀を感得されるという。それを詠まれたのが、昭和三十二年正月（23歳）と同五十年正月（41歳）歌会始で披講された、次のような御歌である。

ともしびの静かにもゆる神嘉殿《しんかでん》　琴はじきうたふ声ひくく響く

神あそびの歌流るるなか　告文の御声《みこえ》聞え来《く》新嘗《にいなめ》の夜

このようなご修練を毎年積んで来られたから、やがて平成二年（一九九〇）十一月二十二日、即位礼に続く一代一度の大祀「大《だい》嘗祭《じょうさい》」（大新嘗祭）も滞りなく斎行された。その際の感慨は次のごとく詠まれている（前掲『道』所収）。

父君のにひなめ（新嘗）まつりしのびつつ　我がおほにへ
（大嘗）のまつり行なふ

ちなみに、他の大祭・小祭でも、平安以来の御袍《ごほう》（束帯《そくたい》）を召され、三殿の内陣において正座し平伏されなければならない。それが新嘗祭（大嘗祭）では、夕の儀二時間と暁の儀二時間にも及ぶ。その間、供膳《くぜん》などの動作が少しあるにしても、長く正座を続けることは本当にできるのだろうか。

この点について、十年以上侍従長を務められた渡邉允氏は、『天皇家の執事―侍従長の十年半』（平成二十三年、文春文庫）の中で、「陛下が御所の居間におられる時は……床の絨毯《じゅうたん》の上に正座をしてテレビをご覧になっている」。その理由を尋ねると、「新嘗祭のときに足のしびれや痛みなどに煩わされず、前向きで澄んだ清らかな心で祭祀を執り行いたいからだ」と仰せられた由、しかも「最近では、一年中、テレビをご覧になるときは必ずそうしておられる」と記されている。まことに真摯なご精通と敬服するほかない。

祭祀の対象は、目に見えず物も言われない神々であるが、その神々に感謝して加護を祈念する日本古来の伝統を、早くから体得し励行されている。だからこそ、あらゆる境遇の人々に対しても深く心を寄せられ、本当に喜びも悲しみも共になさることができるのであろう。

月日	祭儀	内容
7月30日	⑮ 明治天皇例祭《めいじてんのうれいさい》 ［小］	明治天皇の崩御相当日に皇霊殿で行われる祭典 （陵所でも掌典による祭典がある）【先帝前三代例祭】
秋分の日 （9月23日ころ）	⑯ 秋季皇霊祭《しゅうきこうれいさい》 ［大］	秋分の日に皇霊殿で行われるご先祖祭
	⑰ 秋季神殿祭《しゅうきしんでんさい》 ［大］	秋分の日に神殿で行われる神恩感謝の祭典
10月17日	⑱ 神嘗祭《かんなめさい》 ［大］	賢所に新穀をお供えになる神恩感謝の祭典。 その前に神嘉殿の南庇から伊勢の神宮を遥拝される
（11月22日）	⑲ 鎮魂《ちんこん》の儀	新嘗祭の前夜に綾綺殿で行われる祭儀
11月23日	⑳ 新嘗祭《にいなめさい》 ［大］	神嘉殿で新穀を皇祖はじめ神々にお供えになり 神恩を感謝された後、自らもお召し上がりになる祭典
12月中旬	㉑ 賢所《かしこどころ》御神楽《みかぐら》 ［小］	夕刻から賢所に御神楽を奉奏して天照大神の 神霊をなごめまつる祭典（ほとんど15日）
12月23日	㉒ 天長祭《てんちょうさい》 ［小］	天皇陛下のお誕生日を祝して三殿で行われる祭典
12月25日	㉓ 大正天皇例祭《たいしょうてんのうれいさい》 ［小］	大正天皇の崩御相当日に皇霊殿で行われる祭典 （陵所でも掌典による祭典がある）【先帝前三代例祭】
12月31日	㉔ 節折《よおり》 ［行］	宮殿竹の間で天皇陛下のために行われるお祓いの行事
	㉕ 大祓《おおはらい》 ［行］	神嘉殿の前で、皇族をはじめ国民のために行われる お祓いの行事（その後、掌典長による除夜祭がある）

注：

イ）⑦紀元節祭は、紀元節が戦後「国民の祝日」から除外されたけれども、宮中では「二月十一日臨時御拝」として旬祭と同じ形で続けられている。

ロ）⑤昭和天皇祭（先帝祭）と⑪神武天皇祭（皇宗祭）は大祭であり、両天皇の式年祭も大祭であるが、特に陵所で親祭を行われる。

ハ）⑥孝明天皇例祭・⑮明治天皇例祭・㉓大正天皇例祭、および⑫先后の香淳皇后例祭は、毎年小祭であるが、その四名の各式年祭は大祭で斎行される。

ニ）上記以外に、歴代天皇（北朝五代を含む。ただし、即位せずに後から尊称・尊号を贈られた方を除く）の式年祭は、それぞれ小祭で斎行される。

ホ）上記以外に、大祭に準ずるもの（皇室・国家の大事を奉告する時など）、および小祭に準ずるもの（皇后以下の皇族霊代を遷す時など）、さらに天皇の大礼（践祚式・即位礼・大嘗祭）をはじめ皇族の人生儀礼などに関わる臨時祭祀がある。

ヘ）上記以外に、毎月「旬祭《しゅんさい》」（各月の1日・11日・21日。ただし元日は歳旦祭）が、また毎日「毎朝御代拝」が、それぞれ三殿で行われる。

三殿とは、中央の賢所、西側の皇霊殿、東側の神殿の総称で、この順に廻られる。

ト）上表は宮内庁ホームページ所載「主要祭儀一覧」を参考に若干の補訂を加えた。［大］は大祭、［小］は小祭、［行］は神饌・告文のない行事の略称。

所 功『天皇の〈まつりごと〉』NHK出版生活人新書より

おもな宮中祭祀（祭典・行事）一覧

月日	祭儀	内容
1月1日	① 四方拝《しほうはい》 ［行］	早朝に神嘉殿南庭で伊勢の神宮 および四方の神などを遥拝される行事
	② 歳旦祭《さいたんさい》 ［小］	早朝に三殿で行われる年始の祭典
1月3日	③ 元始祭《げんしさい》 ［大］	年始に当たって皇位の大本と由来とを祝し、 国家・国民の繁栄を三殿で祈られる祭典
1月4日	④ 奏事始《そうじはじめ》 ［行］	掌典長が年始に当たり、伊勢の神宮と宮中の祭事の 前年の結果を天皇陛下に申し上げる行事
1月7日	⑤ 昭和天皇祭《しょうわてんのうさい》 ［大］	昭和天皇の崩御相当日に皇霊殿で行われる祭典 （陵所でも掌典による祭典がある）【先帝祭】
	⑤ 皇霊殿御神楽《こうれいでんみかぐら》	昭和天皇祭の夜、特に御神楽を奉奏して 神霊をなごめまつる祭典
1月30日	⑥ 孝明天皇例祭《こうめいてんのうれいさい》 ［小］	孝明天皇の崩御相当日に皇霊殿で行われる祭典 （陵所でも掌典による祭典がある）【先帝前三代例祭】
2月11日	⑦ 二月十一日臨時御拝《りんじぎょはい》	神武天皇の即位伝承による旧紀元節 ＝建国記念の日に行われる臨時御拝
2月17日	⑧ 祈年祭《きねんさい》 ［小］	三殿で行われる年穀の豊穣を祈願する祭典
春分の日 （3月20日ころ）	⑨ 春季皇霊祭《しゅんきこうれいさい》 ［大］	春分の日に皇霊殿で行われるご先祖祭
	⑩ 春季神殿祭《しゅんきしんでんさい》 ［大］	春分の日に神殿で行われる神恩感謝の祭典
4月3日	⑪ 神武天皇祭《じんむてんのうさい》 ［大］	神武天皇の崩御相当日に皇霊殿で行われる祭典 （陵所でも掌典による祭典がある）
	⑪ 皇霊殿御神楽《こうれいでんみかぐら》	神武天皇祭の夜、特に御神楽を奉奏して 神霊をなごめまつる祭典
6月16日	⑫ 香淳皇后例祭《こうじゅんこうごうれいさい》 ［小］	香淳皇后の崩御相当日に皇霊殿で行われる祭典 （陵所でも掌典による祭典がある）
6月30日	⑬ 節折《よおり》 ［行］	宮殿竹の間で天皇陛下のために行われるお祓いの行事
	⑭ 大祓《おおはらい》 ［行］	神嘉殿の前で、皇族をはじめ 国民のために行われるお祓いの行事

激戦地も被災地も進んで歴訪

そのようなご精励の最たるものが、先の大戦（大東亜＝太平洋戦争）や大爆発・大震災などにより甚大な惨禍を蒙った激戦地や被災地へのお出ましである。

とりわけ前者に関しては、つとに「日本では、どうしても記憶しなければならないこと（日）が四つある」として、昭和二十年の「沖縄の戦いの終結の日（六月二十三日）」と「広島・長崎の原爆の日（八月六日・九日）」と「終戦の日（八月十五日）」をあげ、「この日には黙禱を捧げ……平和のありがたさをかみしめ、平和を守っていきたい」と繰り返し述べておられる（昭和五十六年八月会見など）。

このうち、八月の六日・九日と十五日は、広島・長崎両県と政府の主催する追悼式典が広く知られている。それに較べてほとんど関心をもたれなかった六月二十三日の沖縄戦終結日に、逸《いち》早く注目された。それは、昭和三十四年（25歳）南方同胞援護会の大浜信泉会長から沖縄の戦史と現況を聞かれ、また同三十八年（29歳）から毎年、上京する沖縄の小中学生（豆記者）たちと交流を続けて来られたからであろう。

しかも、やがて本土復帰から三年後の同五十年七月（41歳）、沖縄国際海洋博覧会の開会式に先立ち、本島南部の激戦地へ妃殿下と共に赴かれた。その際、「ひめゆりの塔」で参拝の最中、過激派の火炎瓶事件が起きた。それにも拘わらず、灼熱の太陽のもとで全慰霊碑の巡拝を続けられ、遺族会館での慰霊祭に臨まれて、汗も拭わずに遺族たちの辛い話に耳を傾け、長年の苦労を犒《ねぎら》われた。その「敬虔な態度」に接して、屋良朝苗県知事は「感動して涙を流した」という（同行した高橋紘氏『平成の天皇と皇室』平成十五年、文春新書）。さらに同夜、次のようなメッセージを公表しておられる（傍点は引用者、以下同）。

> 沖縄が先の大戦で、我が国では唯一の住民を巻き込む戦場と化し、幾多の悲惨な犠牲を払い、今日に至ったことは、忘れることのできない大きな不幸であり、犠牲者や遺族の方々のことを思うとき、悲しみと痛恨の思いにひたされます。
>
> 私たちは、沖縄の苦難の歴史を思い、（被）占領下における県民の傷跡を深く顧み、平和への願いを未来につなぎ、ともども力を合わせて努力していきたいと思います。
>
> 払われた多くの尊い犠牲（に報いる道）は……人々が長い年月をかけてこれを記憶し、一人びとり、深い内省の中にあって、この地に心を寄せ続けていくことをおいて考えられません。……

このお言葉どおり、今上陛下は沖縄に「心を寄せ続けて」、すでに十回も沖縄を訪ねておられる。さらに、激戦地への慰霊訪問は、平成六年二月（60歳）の小笠原諸島（硫黄島など）があり、また同十七年六月（71歳）の米国統治領サイパン島、さらに今年三月（81歳）のパラオ共和国（ペリリュー島など）にも及んでいる。

海外での戦死者は百万を越すが（赤紙召集された私の父もその一人）、その広域にちらばる遺骨の収集は捗々《はかばか》しく進まない。そんな状況下、両陛下が進んでお出ましくださり、深い祈りを捧げられたことは、戦友にとっても遺族にとっても、ありがたい極みと申すほかない。

一方、被災地へのお出ましも、平成三年七月（57歳）の長崎県雲仙普賢岳大噴火お見舞い以来、直ちに実状を確認し、周到な配慮のもとに（現地に負担をかけないよう）実行されてきた。しかも、その多くは一回限りでなく、何年か後の復興状況ご視察などにも努められている。

とくに平成二十三年三月（77歳）の東日本大震災は、青森・岩手・宮城・福島・茨城・千葉など数県にわたった。しかも福島では、原子力発電所の爆発事故で一層深刻な事態を生じ、今なお立ち入れない地域が少なくない。

しかし、それでもというより、それだからこそ、現地で悲しみ苦しむ人々に心を痛められ、可能な限り近くまで何度も足を運んでおられる。それを今あらたに振り返ると、三・一一直後から天皇・皇后両陛下が自ら考え行われてきたことは、日本の国という家の父として母として、わが子のような国民の悲嘆や苦難に、居ても立ってもおれない親心の発露、とでも解するほかないように思われる。

たとえば、あの当日、大地震・大津波・大爆発による大被害の緊急報告を受けられた天皇陛下は、何とか全国民に直接お気持ちを伝えたいと、みずから考えられた。

そこで、宮内庁長官・侍従長らとご相談の上、皇后陛下とも話し合われ、「お言葉」を作成してビデオに収め、三月十六日午後テレビ各局から一斉放映する、という前例のない特別措置を実践されたのである。その要点を抄出しよう。

（イ）　この度の……悲惨な状況に深く心を痛め……この大災害を生き抜き、被災者としての自《みずか》らを励ましつつ、これからの日々を生きようとしている人々の雄々しさに、深く胸を打たれています。

（ロ）　自衛隊、警察、消防、海上保安庁を始めとする国や地方自治体の人々、諸外国から救援のために来日した人々、国内の様々な救援組織に属する人々……に感謝し、その労を深くねぎらいたく思います。

（ハ）　海外においては、この深い悲しみの中で、日本人が、取り乱すことなく助け合い、秩序ある対応を示していることに触れた論調も多いと聞いています……。

（ニ）　被災者のこれからの苦難の日々を、私たち皆が、様々な形で少しでも多く分かち合っていくことが大切であろうと思います。……国民一人びとりが、被災した各地域の上にこれからも長く心を寄せ、被災者と共にそれぞれの地域の復興の道のりを見守り続けていくことを心より願っています。

簡潔ながら、まさに至れり尽くせりのお言葉であることに感服するほかない。特に（イ）と（ハ）で被災者たちの「雄々しさ」と「助け合い」を称えられ、また（ロ）で公私内外の救援活動者たちに感謝を示され、さらに（ニ）で被災者の苦難と復興に「長く心を寄せ」「見守り続けていく」ことを願っておられる。このような深い思いを、私ども「国民一人びとり」は、今なおしっかり受けとめているだろうか。

両陛下のご言動から学ぶこと

以上、天皇陛下と皇后陛下の、昭和二十年（一九四五）ころから今日まで七十年近い歩みを、大まかに辿ってきた。そこに一貫しているのは、人間として最も大切な真心であり、それをあらゆる人々に寄せ続ける真摯な生き方である。

そのご言動から私どもが学びうることは限りないが、さらに昨年のお誕生日に際して公表された「お言葉」と「ご回答」にも、極めて大事な教訓が含まれている。その各一点を抄出して結びに代えよう。

まず天皇陛下は、昨年八月に奉呈された宮内庁編『昭和天皇実録』にちなんで、父帝・母后との思い出を語られた後、「人のことを常に考えることと、人に言われたからするのではなく、自分で責任を持って事に当たるということは、昭和天皇の御言動から学んだ大きなこと」だと述べておられる。それを承けて誠実に励行され、それを活かして新たな公務も始め実行し続けてこられたのが、今上陛下にほかならない。

また皇后陛下は、「戦後七十年」を迎えるに先立ち、「世界のいさかいの多くが、何らかの報復という形をとってくり返し行われて来た」ことを省みて、「国内外を問わず、争いや苦しみの芽となるものを摘み続ける努力を積み重ねていくことが大切ではないか」と指摘されている。確かに人と人、国と国の関係も、報復の繰り返しとならないよう「絶えず平和を志向」しながら相互理解を深めていかなければならない。

これも両陛下が長らく心がけてこられたことである。私共はそれを至高のお手本と仰ぎながら、より安らかな世の中を目指して、各自にできることを考え、その実現に努めたいと思う。

天皇皇后両陛下「平成」の歩み

◉凡例

「天皇皇后両陛下『平成』の歩み」については、両陛下の平成におけるご活動の全体像がよくわかるように、主な行事や重要な出来事を厳選し、さらに本書のテーマである災害状況・復興状況のご視察、先の大戦のご慰霊に関する事項を加え、作成・収録した。構成にあたっては、『朝日新聞』、『毎日新聞』、『読売新聞』を参考にし、宮内庁ホームページ所載「天皇皇后両陛下のご日程」、宮内庁編『新装版　道　天皇陛下御即位十年記念記録集』、『道　天皇陛下御即位二十年記念記録集』（日本放送出版協会）をベースとした。

「内外の主な出来事」の項目記述にあたっては、両陛下のご活動との連関に留意しつつ、関わりの深い事項を記録するよう努めた。作成にあたっては、『朝日新聞』、『毎日新聞』、『読売新聞』を参考にし、岩波ブックレットＮｏ．８４４ 中村政則・森武麿編『年表昭和・平成史１９２６―２０１１』（岩波書店）、神田文人・小林英夫編『昭和・平成現代史年表〔増補版〕』（小学館）、加藤友康・瀬野精一郎・鳥海靖・丸山雍成編『日本史総合年表　第二版』（吉川弘文館）に拠るところが大きい。（作成：編集部）

平成

元年（１９８９）〔昭和64年〕

◉天皇皇后両陛下「平成」の歩み

1月7日 ● 昭和天皇崩御。
● 明仁親王、第百二十五代天皇としてご即位。
1月9日 ● 「即位後朝見の儀」。
2月10日 ● 天皇陛下、即位後初の国会開会式にご出席。
● 皇后さま、日本赤十字社名誉総裁にご就任。
2月24日 ● 昭和天皇の「大喪の礼」。各国元首級及び国際機関の代表参列。
5月20日 ● 徳島県の「全国植樹祭」へ。即位後初の地方ご訪問（～21日）。
8月4日 ● 即位後初の記者会見。
8月15日 ● 「全国戦没者追悼式」にご出席（日本武道館）。
9月9日 ● 「全国豊かな海づくり大会」に出席のため、広島県をご訪問（～11日）。

◉内外の主な出来事

1月7日 ● 「昭和」から「平成」に改元（8日施行）。
2月17日 ● 国民の祝日に関する祝日法改正施行。
昭和天皇誕生日（4月29日）を「みどりの日」、今上天皇の誕生日12月23日を「天皇誕生日」に。
4月1日 ● 消費税3％スタート。
4月12日 ● 李鵬中国首相初来日。
6月4日 ● 第二次天安門事件勃発。
10月17日 ● 米国サンフランシスコ郊外で、大地震発生（ロマ・プリータ地震）。
11月――● 「ベルリンの壁」撤去、開始。
12月2日 ● 地中海のマルタ島で米ソ首脳会談。
3日、冷戦終結、新時代の到来を宣言。

2年（1990）

1月7日 ● 昭和天皇大喪儀一周年祭。
1月23日 ● 即位の礼及び大嘗祭の期日を宮中三殿にご報告する「期日奉告の儀」。
2月6日 ● 「歌会始」を「昭和天皇を偲ぶ歌会」として催す。
3月12日 ● 紀宮さま、ご成人を祝う祝賀行事。
4月21日 ● 即位後初の京都御所ご訪問。
5月18日 ● 「全国植樹祭」に出席のため、長崎県をご訪問（〜21日）。
6月29日 ● 礼宮さま、川嶋紀子さんとご結婚。秋篠宮家創設。
8月15日 ● 「全国戦没者追悼式」にご出席（日本武道館）。
11月12日 ● 即位を宣言する「即位礼」。
● 皇居・赤坂御所間を祝賀御列。
11月22日 ● 大嘗祭・大嘗宮の儀（〜23日）。
11月26日 ● 即位礼及び大嘗祭ご報告で、三重県伊勢神宮（〜28日）、奈良県、京都府へ（12月1日〜4日）。

この年—— ● 東ヨーロッパで政権崩壊。
4月1日 ● 大阪で「国際花と緑の博覧会」開幕（〜9月30日）。
5月24日 ● 盧泰愚韓国大統領来日。
6月21日 ● イラン北西部でマグニチュード7・4の大地震。
8月2日 ● イラク軍、クウェートに侵攻。
10月3日 ● 東西両ドイツ、国家統一。国名はドイツ連邦共和国、首都はベルリン。
11月17日 ● 長崎県雲仙・普賢岳、200年ぶりに噴火。
12月2日 ● 秋山豊寛さん、ソ連の「ソユーズTM11」宇宙船で日本人初の宇宙飛行へ。
この年—— ● バブル経済に亀裂。

3年（1991）

2月23日 ● 皇太子さま、立太子の礼。
7月10日 ● 長崎県雲仙・普賢岳噴火による被災地をお見舞い。
8月15日 ● 「全国戦没者追悼式」にご出席（日本武道館）。
9月26日 ● 即位後初の外国ご訪問。タイ、マレーシア、インドネシアへ（〜10月6日）。
10月23日 ● 秋篠宮ご夫妻に長女・眞子さまご誕生。

1月17日 ● 湾岸戦争勃発。
5月14日 ● 滋賀県信楽町で列車衝突事故。
6月3日 ● 長崎県雲仙・普賢岳で大火砕流発生。9月15日、最大規模の火砕流発生。
6月15日 ● フィリピンのピナツボ火山大噴火。
10月14日 ● ミャンマーの民主化運動指導者アウンサンスーチーさん、ノーベル平和賞受賞。
この年—— ● エストニア、ラトビア、リトアニアのバルト三国、ソ連から独立。

4年（1992）

5月15日 ● 「沖縄復帰20周年記念式典」にご出席（憲政記念館）。

2月8日 ● アルベールビル冬季オリンピック開幕（〜23日）。

8月15日 ●「全国戦没者追悼式」にご出席（日本武道館）。
9月24日 ●「日本遺族会創立45周年記念式典」にご出席（九段会館）。
10月23日 ●日中国交正常化20周年で中国をご訪問（〜28日）。

6月3日 ●環境と開発に関する国連会議（地球サミット）開幕（〜14日）。
6月15日 ●「国連平和維持活動（PKO）協力法」成立（8月10日施行）。
7月25日 ●バルセロナオリンピック開幕（〜8月9日）。
8月24日 ●中国・韓国国交樹立。
9月12日 ●毛利衛さん、米スペースシャトル「エンデバー」で宇宙飛行へ。

5年（1993）

4月23日 ●「全国植樹祭」に出席のため、即位後初の沖縄県ご訪問（〜26日）。
6月9日 ●皇太子さま、小和田雅子さんとご結婚。
7月27日 ●北海道南西沖地震で津波被害にあった被災地、奥尻島などをお見舞い。
8月6日 ●ベルギー・ボードワン国王葬儀参列のため、ベルギーをご訪問（〜9日）。
8月15日 ●「全国戦没者追悼式」にご出席（日本武道館）。
9月3日 ●イタリア、ベルギー、ドイツをご訪問（バチカンお立ち寄り。〜19日）。
10月20日 ●皇后さま、赤坂御所で倒れ、失声の状態を過ごされる。
11月26日 ●「戦傷病者特別援護法制定30周年並びに財団法人日本傷痍軍人会創立40周年記念式典」にご出席（日本武道館）。
12月8日 ●赤坂御所から皇居・吹上御苑の新御所へご移居。
12月23日 ●天皇陛下、還暦を迎えられる。

1月1日 ●欧州共同体（EC）、統合市場発足。
5月15日 ●日本初のプロサッカーリーグ、Jリーグ開幕。
7月12日 ●北海道南西沖地震（マグニチュード7・8）発生。火災や津波で、奥尻島やその周辺地域に大きな被害をもたらす。
9月13日 ●イスラエルとPLO、パレスチナ暫定自治協定に調印（オスロ合意）。
この年 ●冷夏で米不足のため、政府が緊急輸入に踏み切る。

6年（1994）

2月12日 ●戦後50年「慰霊の旅」で、東京都小笠原諸島の硫黄島、父島、母島をご訪問（〜14日）。
5月18日 ●皇后さま、全国赤十字大会に出席し、スピーチをされる（明治神宮会館）。
6月10日 ●米国をご訪問（〜26日）。
8月15日 ●「全国戦没者追悼式」にご出席（日本武道館）。
10月2日 ●フランス、スペインをご訪問（ドイツお立ち寄り。〜14日）。

2月12日 ●リレハンメル冬季オリンピック開幕（〜27日）。
6月22日 ●ニューヨーク外為市場、初の1ドル＝100円を突破。
6月27日 ●長野県松本市の住宅街で有毒ガス発生（松本サリン事件）。
7月8日 ●向井千秋さん、日本女性初の宇宙飛行士としてスペースシャトル「コロンビア」で宇宙飛行へ。
10月4日 ●北海道東方沖地震（マグニチュード8・2）発生。

10月20日● 皇后さま、還暦を迎えられる。
11月8日● 「平安建都1200年記念式典」にご出席（国立京都国際会館）。
12月29日● 秋篠宮ご夫妻に二女・佳子さまご誕生。

10月13日● 大江健三郎さん、ノーベル文学賞受賞。

7年（1995）

1月31日● 阪神・淡路大震災の被災地をお見舞い。春の園遊会中止へ。
5月20日● 「全国植樹祭」に出席のため、広島県をご訪問（〜22日）。
6月27日● 天皇陛下、大腸ポリープの摘出手術を受けられる。
7月26日● 戦後50年「慰霊の旅」で、長崎県（26日）、広島県（27日）、沖縄県（8月2日）、東京都慰霊堂（8月3日）をご訪問。
8月15日● 「全国戦没者追悼式」にご出席（日本武道館）。
8月25日● 秩父宮妃勢津子さま、ご逝去。
9月14日● 「戦没船員の碑」ご供花（神奈川県立観音崎公園）。
11月10日● 長崎県雲仙・普賢岳の噴火災害復興状況をご視察。
12月18日● 「戦後50年を記念する集い」にご出席（国立劇場）。

1月17日● 5時46分、マグニチュード7・3の直下型地震、阪神・淡路大震災発生。大惨事となる。
3月20日● 東京の地下鉄車内で猛毒ガス撒布、地下鉄サリン事件発生。
4月19日● 東京外為市場、1ドル＝79・75円の史上最高値。
5月16日● オウム真理教の代表ら幹部・信者を逮捕。
8月15日● 戦後50年にあたって村山首相談話、「『植民地支配と侵略』につきアジア諸国にお詫び」を表明。

8年（1996）

7月26日● 旧・日光田母沢御用邸をご訪問（日光市）。
8月15日● 「全国戦没者追悼式」にご出席（日本武道館）。
10月11日● 「国民体育大会秋季大会」出席のため、広島県をご訪問（〜13日）。
12月23日● ペルーの日本大使公邸占拠・人質事件で、天皇誕生日の祝賀行事を中止。

2月10日● 北海道余市町と古平町をつなぐ豊浜トンネルで岩盤崩落事故。
2月16日● 菅直人厚相、薬害エイズ問題で国の法的責任を認め、HIV訴訟の原告に謝罪。
7月19日● アトランタオリンピック開幕（〜8月4日）。
10月20日● 小選挙区比例代表並立制による初の選挙。
12月17日● ペルーの日本大使公邸、武装ゲリラに占拠される（1997年4月22日、ペルー軍特殊部隊の武力突入で終結）。
この年——● 病原性大腸菌O157で集団中毒発生。

9年（1997）

4月10日● 皇后さま、歌集『瀬音』をご出版。
5月30日● ブラジル、アルゼンチンをご訪問（ルクセンブルク、米国お立ち寄り。〜6月13日）。
7月3日● 皇后さま、帯状ヘルペスで東京逓信病院にご入院（〜12日）。
8月15日● 「全国戦没者追悼式」にご出席（日本武道館）。
9月25日● 「日本遺族会50周年記念式典」にご出席（九段会館ホール）。

4月1日● 消費税5%へ引き上げ。
7月1日● 香港、英国から中国に返還。
8月31日● ダイアナ元英国皇太子妃、パリで交通事故死。
10月1日● 長野新幹線（高崎―長野間）開業。
11月17日● 北海道拓殖銀行破綻。都市銀行初の経済破綻。

11月24日 ● 山一証券、大蔵省に自主廃業申請。
12月1日 ● 地球温暖化防止京都会議開幕。11日、京都議定書採択。
12月17日 ● 「介護保険法」公布。

10年（１９９８）

2月7日 ● 長野冬季オリンピック大会開会式に、大会名誉総裁としてご出席。
3月11日 ● 長野冬季パラリンピック大会をご覧になる（〜12日）。
5月23日 ● 英国、デンマークをご訪問（ポルトガルお立ち寄り。〜6月5日）。
5月28日 ● 天皇陛下、ハゼ科魚類のご研究に際し、英国ロイヤル・ソサエティーから「チャールズ二世メダル」を授与される。
7月23日 ● 皇后さまが英訳されたまどみちお『ふしぎなポケット』出版。
8月15日 ● 「全国戦没者追悼式」にご出席（日本武道館）。
9月21日 ● 皇后さま、インド、ニューデリーのＩＢＢＹ（国際児童図書評議会）世界大会で、ビデオによる基調講演「子供の本を通しての平和〜子供時代の読書の思い出」。
（ご講演の内容は、後に『橋をかける〜子供時代の読書の思い出』と題して出版される）。
11月26日 ● 「戦傷病者特別援護法制定35周年並びに財団法人日本傷痍軍人会創立45周年記念式典」にご出席（日本武道館）。

2月7日 ● 長野冬季オリンピック開幕（〜22日）。
5月11日 ● インド、１９７４年以来の核実験。
（13日に2回目の核実験）
5月28日 ● パキスタン、初の核実験。
10月7日 ● 金大中韓国大統領来日。
11月25日 ● 江沢民中国主席来日（中国元首初の公式訪問）。
12月1日 ● 「特定非営利活動促進法（ＮＰＯ法）」施行。

11年（１９９９）

1月7日 ● 昭和天皇十年式年祭（武蔵陵墓地）。
6月18日 ● 皇后さまの父、正田英三郎さん死去。
8月15日 ● 「全国戦没者追悼式」にご出席（日本武道館）。
8月17日 ● 北海道南西沖地震の被災・復興状況をご視察（〜20日）。
9月13日 ● 平成10年8月の福島、栃木両県豪雨災害地の復興状況をご視察（〜14日）。
10月15日 ● 『道　天皇陛下御即位十年記念記録集』出版。
11月12日 ● 政府主催「天皇陛下御在位十年記念式典」にご出席（国立劇場）。
● 二重橋より祝賀にお応え、「天皇陛下御即位十年をお祝いする国民祭典」。

1月1日 ● 欧州連合（ＥＵ）、決済用仮想通貨として「ユーロ」導入。
2月28日 ● 国内初の脳死臓器移植手術を実施。
3月1日 ● 対人地雷全面禁止条約発効。
3月24日 ● ＮＡＴＯ軍、コソボ紛争への制裁にユーゴスラビアで空爆開始。
8月9日 ● 「国旗・国歌法」成立。
9月30日 ● 茨城県東海村の核燃料加工会社施設で国内初の臨界事故。

12年（２０００）

5月15日 ● 「第30回戦没・殉職船員追悼式」にご出席（神奈川県立観音崎公園・戦没船員の碑）。

3月31日 ● 北海道有珠山、噴火。
4月1日 ● 介護保険制度スタート。

5月20日●オランダ、スウェーデンをご訪問(スイス、フィンランドお立ち寄り。~6月1日)。

6月16日●皇太后さま、ご逝去(追号は香淳皇后)。

8月15日●「全国戦没者追悼式」にご出席(日本武道館)。

12月20日●皇后さま、三宅島の避難児童、教職員をご訪問(あきる野市・都立秋川高校)。


6月13日●金大中韓国大統領、北朝鮮を訪問。初の南北首脳会談(~6月15日)。

7月8日●東京都三宅島の雄山噴火。火山活動が活発化し、9月1日、全島避難指示を発令。

7月21日●九州・沖縄サミット、沖縄県名護市で開幕(~23日)。

9月15日●シドニーオリンピック開幕(~10月1日)。

10月10日●白川英樹さん、ノーベル化学賞受賞。

13年(2001)

4月23日●阪神・淡路大震災復興状況をご視察(~26日)。

7月16日●日光田母沢御用邸記念公園をご視察。

7月26日●火山活動が続く伊豆諸島の新島、神津島、三宅島(上空から)の被災状況をご視察。

8月15日●「全国戦没者追悼式」にご出席(日本武道館)。

8月27日●三宅島避難漁業者をご訪問(静岡県、北区立下田臨海学園)。

9月19日●米国の同時多発テロについて、侍従長を通じて駐日米国大使に犠牲者への弔意をお伝えになる。

12月1日●皇太子ご夫妻に長女・愛子さまご誕生。


2月10日●愛媛県立宇和島水産高実習船「えひめ丸」、ハワイ沖で米原子力潜水艦に衝突され沈没。

5月11日●ハンセン病国家賠償請求訴訟で、国に賠償金支払いを命じる判決。

9月——●日本初のBSE(牛海綿状脳症)感染牛を確認。

9月11日●米で同時多発テロ発生。

10月7日●米、同時多発テロに対するアフガニスタンへの報復空爆開始。

10月10日●野依良治さん、ノーベル化学賞受賞。

14年(2002)

3月18日●三宅島「げんき農場」をご訪問(八王子市)。

7月6日●ポーランド、ハンガリーをご訪問(チェコ、オーストリアお立ち寄り。~20日)。


1月29日●ブッシュ米大統領、北朝鮮・イラク・イランを「悪の枢軸」と非難。

2月8日●ソルトレイクシティ冬季オリンピック開幕(~24日)。

5月31日●日韓共催でサッカー、ワールドカップ開幕(~6月30日)。

8月15日●「全国戦没者追悼式」にご出席（日本武道館）。

9月12日●「日本遺族会創立55周年記念式典」にご出席（九段会館）。

9月28日●皇后さま、スイスへ（～10月3日）。

9月29日●皇后さま、スイス・バーゼル市でのＩＢＢＹ創立50周年記念大会でご講演。

（ご講演の内容は、後に『バーゼルより～子どもと本を結ぶ人たちへ』の題で出版される）

11月21日●高円宮憲仁さま、ご逝去。


9月17日●小泉首相、北朝鮮を初の訪問。「日朝平壌宣言」に調印。

10月8日●小柴昌俊さん、ノーベル物理学賞、田中耕一さん、ノーベル化学賞（9日）受賞。

10月15日●北朝鮮に拉致された5人の日本人被害者帰国。

この年――●「ゆとり教育」による学力低下、問題化。

15年（2003）

1月18日●天皇陛下、東京大学医学部附属病院で前立腺全摘出手術を受けられる（1月16日～2月8日ご入院）。

2月18日●天皇陛下、ご公務復帰。

4月30日●三宅村「ゆめ農園」をご訪問（江東区）。

7月1日●北海道有珠山噴火災害の被災・復興状況をご視察。

8月15日●「全国戦没者追悼式」にご出席（日本武道館）。

11月7日●「戦傷病者特別援護法制定40周年並びに財団法人日本傷痍軍人会創立50周年記念式典」にご出席（日本武道館）。

11月14日●天皇陛下、鹿児島県訪問（～17日）により、即位後15年で全都道府県訪問をご達成。

11月16日●「奄美群島日本復帰50周年記念式典」にご出席（鹿児島県・奄美振興会館）。

12月23日●天皇陛下、古希を迎えられる。


2月15日●イラク戦争反対デモ、世界60カ国、600以上の都市で、1000万人以上が参加。

3月20日●イラク戦争開始。

4月9日●米・英軍、イラク全土を制圧。フセイン政権崩壊。

5月23日●「個人情報保護法関連5法」成立。

6月6日●「有事法制関連3法」成立。

11月29日●イラク北部で、日本人外交官など3名殺害される。

12月24日●米産牛肉、輸入全面停止。

16年（2004）

1月23日●「国立劇場おきなわ開場記念公演」出席のため、沖縄県をご訪問。初めて宮古島、石垣島へ（～26日）。

5月10日●皇太子さま、記者会見で雅子さまの「キャリアや人格を否定するような動きがあった」とご発言。

5月20日●三宅村「桐ヶ丘支援センター」をご訪問（北区）。

8月15日●「全国戦没者追悼式」にご出席（日本武道館）。

10月2日●皇后さま、香川県訪問（～5日）により、全都道府県訪問をご達成。

10月20日●皇后さま、古希を迎えられる。

11月6日●新潟県中越地震の被災地をお見舞い。


1月9日●陸上自衛隊にイラク派遣命令（19日、先遣隊サマワ着）。

8月9日●関西電力美浜原発3号機で配管が破裂。

8月13日●普天間基地の米軍ヘリコプター、宜野湾市・沖縄国際大学に墜落。
●アテネオリンピック開幕（～29日）。
10月23日●新潟県中越地震（マグニチュード6・8）発生。

12月18日 ● 高松宮妃喜久子さま、ご逝去。

12月26日 ● インドネシア・スマトラ沖地震発生。インド洋で発生した巨大津波で、死者・行方不明者23万人を超える。

17年（2005）

1月17日 ● 「阪神・淡路大震災十周年追悼式典」にご出席（兵庫県公館）。
1月18日 ● 「国連防災世界会議開会式」にご出席（神戸市・ポートピアホテル）。
5月7日 ● ノルウェーをご訪問（アイルランドお立ち寄り。～14日）。
6月27日 ● 戦後60年「慰霊の旅」で、米国自治領北マリアナ諸島サイパン島をご訪問（～28日）。
8月15日 ● 「全国戦没者追悼式」にご出席（日本武道館）。
10月8日 ● 皇后さま、『歩み～皇后陛下お言葉集』をご出版。
10月11日 ● 戦後60年にあたり、「戦没船員の碑」ご供花（神奈川県立観音崎公園）。
11月15日 ● 紀宮さま、黒田慶樹さんとご結婚。

2月1日 ● 三宅島の全島民避難指示解除、4年5カ月ぶりに帰島へ。
3月20日 ● 福岡県西方沖地震（マグニチュード7・0）発生。
3月25日 ● 愛知万博「愛・地球博」開幕（～9月25日）。
4月25日 ● 兵庫県尼崎市のJR福知山線で脱線事故。
5月13日 ● 4月29日「みどりの日」を「昭和の日」、5月4日を「みどりの日」に改正。
8月15日 ● 戦後60年にあたって小泉首相談話。
10月14日 ● 「郵政民営化関連6法」成立。
11月24日 ● 小泉純一郎首相の私的諮問機関「皇室典範に関する有識者会議」、女性・女系天皇容認の報告書を提出。
この年 ―― ● 耐震強度偽装事件相次ぐ。

18年（2006）

3月7日 ● 全島避難から帰島後1年を機に、三宅島の被災・復興状況をご視察。
6月8日 ● シンガポール、タイをご訪問（マレーシアお立ち寄り。～15日）。
8月11日 ● 皇后さま、「殉職救護員慰霊祭」にご出席（日本赤十字社）。
8月15日 ● 「全国戦没者追悼式」にご出席（日本武道館）。
8月17日 ● 皇太子ご一家、ご静養のためオランダへ（～31日）。
9月6日 ● 秋篠宮ご夫妻に長男・悠仁さまご誕生。

1月23日 ● ライブドア事件で社長ら逮捕。
2月10日 ● トリノ冬季オリンピック開幕（～26日）。
7月14日 ● 日銀、ゼロ金利政策解除。
12月15日 ● 「改正教育基本法」成立。

19年（2007）

5月21日 ● スウェーデン、エストニア、ラトビア、リトアニア、英国をご訪問（～30日）。
5月29日 ● 天皇陛下、英国ロンドン・リンネ協会で、リンネ生誕300年記念行事の基調講演「リンネと日本の分類学～生誕300年を記念して」。

2月 ―― ● 社会保険庁で5000万件余の公的年金記録漏れ発覚。
4月17日 ● 伊藤一長長崎市長銃撃され、18日死亡。
5月14日 ● 「国民投票法」成立。

8月8日 ● 新潟県中越沖地震の被災地をお見舞い。
8月15日 ● 「全国戦没者追悼式」にご出席（日本武道館）。
10月29日 ● 福岡県西方沖地震の被災・復興状況をご視察（〜30日）。
11月27日 ● 「日本遺族会創立60周年記念式典」にご出席（九段会館）。

7月16日 ● 新潟県中越沖地震（マグニチュード6・8）発生。東京電力柏崎刈羽原発で火災発生。
9月29日 ● 沖縄戦で軍が「集団自決」を強制したとの教科書記述が削除された問題で、抗議する（沖縄）県民大会開かれる。
この年 ―● 食品偽装表示事件相次ぐ。

20年（2008）

8月15日 ● 「全国戦没者追悼式」にご出席（日本武道館）。
9月8日 ● 新潟県中越地震の被災・復興状況をご視察（〜9日）。
12月3日 ● 天皇陛下に不整脈が確認され、検査と休養のため5日午前までの公務を休まれると、宮内庁が発表。

5月12日 ● 中国四川省で大地震発生。
6月8日 ● 東京・秋葉原で無差別殺傷事件。
8月8日 ● 北京オリンピック開幕（〜24日）。
9月15日 ● 米の大手証券・投資銀行リーマン・ブラザーズ、経営破綻。世界金融危機の発端（リーマン・ショック）。
10月7日 ● ノーベル賞、4氏受賞。物理学賞は南部陽一郎さん、小林誠さん、益川敏英さん。化学賞は下村脩さん（8日）。
この年 ―● 世界的に原油価格高騰。

21年（2009）

1月21日 ● 「戦傷病者特別援護法制定45周年並びに財団法人日本傷痍軍人会創立55周年記念式典」にご出席（日本武道館）。
1月29日 ● 宮内庁、宮中祭祀、ご公務、お言葉などのご負担軽減策を発表。
4月10日 ● ご結婚50年（金婚式）を迎えられる。
5月14日 ● 皇后さま、「平成21年全国赤十字大会〜赤十字思想誕生150周年」にご出席（明治神宮会館）。
7月3日 ● カナダ、米国（ハワイ州）をご訪問（〜17日）。
8月15日 ● 「全国戦没者追悼式」にご出席（日本武道館）。
9月25日 ● 『道　天皇陛下御即位二十年記念記録集』出版。
11月12日 ● 政府主催「天皇陛下御在位二十年記念式典」にご出席（国立劇場）。
● 二重橋より祝賀にお応え、「天皇陛下御即位二十年をお祝いする国民祭典」。

5月21日 ● 裁判員制度施行。
7月31日 ● 若田光一さん、日本人初の長期に及ぶ国際宇宙ステーション滞在を終えてケネディ宇宙センターに帰還。
10月9日 ● オバマ米大統領、ノーベル平和賞受賞。
この年 ―● 新型インフルエンザ、国内外で大流行。

22年（2010）

1月12日 ● ハイチで大地震発生。
1月19日 ● 日本航空、会社更生法の適用を申請。

2月3日 ● 天皇陛下体調不良のため、葉山御用邸でのご静養の予定を変更し、御所でご静養。
6月4日 ● 「第40回戦没・殉職船員追悼式」にご出席（神奈川県立観音崎公園・戦没船員の碑）。
8月15日 ● 「全国戦没者追悼式」にご出席（日本武道館）。
10月8日 ● 「平城遷都1300年記念祝典」にご出席（奈良市・第一次大極殿前庭）。

2月12日 ● バンクーバー冬季オリンピック開幕（～28日）。
4月 ―― ● 宮崎県で口蹄疫感染の牛を確認。
5月28日 ● 日米両政府、米軍普天間飛行場の移転先を名護市辺野古で合意したと共同声明を発表。
6月13日 ● 小惑星探査機「はやぶさ」、地球へ帰還。
9月7日 ● 尖閣諸島周辺で、中国漁船が海上保安庁巡視船に衝突。
10月6日 ● 鈴木章さん、根岸英一さん、ノーベル化学賞受賞。
11月23日 ● 北朝鮮、韓国砲撃で朝鮮半島緊迫。
12月4日 ● 東北新幹線、新青森まで全線開業。
この年 ―― ● 中国がGDPで日本を抜き、世界第2位の経済大国に。

23年（2011）

3月15日 ● 東京電力の計画停電に合わせて皇居・御所で自主節電を開始。
3月16日 ● 天皇陛下、東日本大震災に関するお言葉のビデオをご収録。
3月26日 ● 宮内庁、東日本大震災の避難者に那須御用邸・職員用施設の開放を始める。
3月30日 ● 東日本大震災にともなう避難者をお見舞い（東京武道館）。
4月8日 ● 避難者をお見舞い（埼玉県加須市）。
4月11日 ● 都内避難者（皇居東御苑見学会参加者）にお会いになる。
4月14日 ● 東日本大震災にともなう被災地をお見舞い（千葉県旭市）。
4月22日 ● 被災地をお見舞い（茨城県）。
4月27日 ● 東北地方へのご訪問が始まる。被災地をお見舞い（宮城県）。
5月6日 ● 被災地をお見舞い（岩手県）。
5月11日 ● 被災地をお見舞い（福島県）。
7月27日 ● 福島県からの避難者をお見舞い（栃木県那須町）。

3月11日 ● 14時46分、三陸沖を震源としたマグニチュード9・0の東日本大震災発生。大津波で太平洋沿岸地域、壊滅的被害。
● 東京電力福島第一原発の緊急炉心冷却システム停止に基づき、政府、「原子力緊急事態宣言」を発令。
3月12日 ● 14日、15日、福島第一原発で水素爆発発生。避難指示拡大。
● 九州新幹線・鹿児島ルート、博多から鹿児島中央まで全線開業。記念式典は中止。
● 長野県北部地震（マグニチュード6・7）発生。
5月 ―― ● 東電、福島第一原発1～3号機の炉心溶融（メルトダウン）を認める。
6月20日 ● 「東日本大震災復興基本法」成立。
7月1日 ● 東日本で電力使用制限令発効。
7月17日 ● サッカー女子ワールドカップで、「なでしこジャパン」初優勝。
7月24日 ● テレビのアナログ放送終了し、地上デジタル放送に移行（被災3県を除く）。

8月8日 ● 大震災避難者及び地域の支援者をご訪問（板橋区）。
8月15日 ● 「全国戦没者追悼式」にご出席（日本武道館）。
9月27日 ● 大震災被災企業支援工場をご視察（千葉県東金市）。
11月6日 ● 天皇陛下、マイコプラズマ肺炎で東京大学医学部附属病院へご入院（～24日）。
11月29日 ● 「東日本大震災消防殉職者等全国慰霊祭」にご出席（日本消防会館ニッショーホール）。

8月5日 ● 「原発避難者特例法」成立。

24年（2012）

2月18日 ● 天皇陛下、東京大学医学部附属病院で
心臓バイパスの手術を受けられる（2月17日～3月4日ご入院）。
3月11日 ● 「東日本大震災一周年追悼式」にご出席（国立劇場）。
5月12日 ● 東日本大震災にともなう被災者をお見舞い（宮城県、～13日）。
5月16日 ● 英国をご訪問（～20日）。
6月6日 ● 三笠宮寛仁さま、ご逝去。
7月19日 ● 長野県北部地震の被災地をお見舞い。
8月12日 ● 東京大空襲における戦災体験者とのご懇談（江東区・富岡八幡宮）。
8月15日 ● 「全国戦没者追悼式」にご出席（日本武道館）。
9月18日 ● 「日本遺族会創立65周年記念式典」にご出席（日本青年館）。
10月13日 ● 東日本大震災にともなう被災地の除染作業をご視察（福島県川内村）。
11月17日 ● 「全国豊かな海づくり大会」出席のため、沖縄県をご訪問（～20日）。

2月10日 ● 復興庁発足。
3月11日 ● 東日本大震災一周年追悼式。
5月20日 ● 日本を含む北太平洋上で金環日食観測。
5月22日 ● 東京スカイツリー開業。
6月 —— ● 英エリザベス女王即位60周年
（ダイヤモンド・ジュビリー）。
6月20日 ● 「原子力規制委員会設置法」成立。
7月27日 ● ロンドンオリンピック開幕（～8月12日）。
10月8日 ● 山中伸弥さん、ノーベル医学・生理学賞受賞。
この年 —— ● 尖閣諸島を国有化で、日中関係悪化。

25年（2013）

3月11日 ● 「東日本大震災二周年追悼式」にご出席（国立劇場）。
7月4日 ● 東日本大震災にともなう被災地をご視察（岩手県、～5日）。
7月22日 ● 被災・復興状況をご視察（福島県、～23日）。
8月15日 ● 「全国戦没者追悼式」にご出席（日本武道館）。
10月3日 ● 「戦傷病者特別援護法制定50周年並びに
財団法人日本傷痍軍人会創立60周年記念式典」にご出席（明治神宮会館）。
10月26日 ● 「全国豊かな海づくり大会」出席のため、熊本県をご訪問（～28日）。
式典後、水俣市をご訪問（27日）。
11月14日 ● 宮内庁、「今後の御陵及び御喪儀のあり方についての
天皇皇后両陛下のお気持ち」を発表（12月12日、追加発表）。
11月30日 ● インドをご訪問（～12月6日）。
12月23日 ● 天皇陛下、傘寿を迎えられる。

4月15日 ● 米・ボストンマラソンで爆弾テロ事件。
9月7日 ● 2020年夏季オリンピック・パラリンピック
開催地、東京に決定。
10月16日 ● 台風26号、土石流発生。
伊豆大島で大きな被害。
11月20日 ● 小笠原諸島西之島沖に火山噴火で陸地誕生。
この年 —— ● オスプレイの本土訓練が始まり、抗議の声。

26年（2014）

2月28日 ● 平成25年台風26号による被災地をお見舞い（伊豆大島）。

2月7日 ● ソチ冬季オリンピック開幕（～23日）。

3月11日 ●「東日本大震災三周年追悼式」にご出席（国立劇場）。

6月8日 ● 桂宮宜仁さま、ご逝去。

6月26日 ● 沖縄県（対馬丸犠牲者の慰霊）をご訪問（～27日）。

7月22日 ● 東日本大震災復興状況をご視察（宮城県、～24日）。

8月15日 ●「全国戦没者追悼式」にご出席（日本武道館）。

8月21日 ●『昭和天皇実録』が完成。天皇皇后両陛下に献上される。

9月24日 ● 東日本大震災復興状況をご視察（青森県、～25日）。

10月5日 ● 高円宮家の次女・典子さま、千家国麿さんとご結婚。

10月11日 ●「国民体育大会」に出席のため、長崎県をご訪問（～12日）。

10月20日 ● 皇后さま、傘寿を迎えられる。

12月3日 ● 平成26年8月豪雨による被災地をお見舞い、あわせて広島県をご訪問（～4日）。

12月11日 ● 皇后さま、ベルギー元国王妃ファビオラ陛下国葬参列のため、ベルギーをご訪問（～13日）。

4月1日 ● 消費税8％スタート。

● 東電福島第一原発事故による避難指示区域の一部、初めて解除。

4月16日 ● 韓国南西部珍島沖で、修学旅行の高校生を乗せた旅客船「セウォル号」沈没。

6月26日 ● EU首脳、第一次世界大戦勃発100年追悼式典に出席。於ベルギー・イーペル。

8月20日 ● 広島市北部で豪雨により大規模な土砂災害発生。

9月27日 ● 長野・岐阜県境の御嶽山噴火。多くの登山客巻き込まれる。

10月7日 ● ノーベル物理学賞、赤崎勇さん、天野浩さん、中村修二さんの3氏受賞。

10月10日 ● パキスタンの女子学生マララ・ユスフザイさんら2人、ノーベル平和賞受賞。

この年——● ウクライナ危機深刻化。ロシア、クリミア自治共和国の編入を宣言。

● 理化学研究所「STAP細胞」論文に改ざんなど不正発覚。

27年（2015）

1月16日 ●「1・17のつどい——阪神・淡路大震災二十年追悼式典」（17日。兵庫県公館）にご出席。あわせて復興状況をご視察（兵庫県、～17日）。

3月11日 ●「東日本大震災四周年追悼式」にご出席（国立劇場）。

3月13日 ● 東日本大震災復興状況をご視察（宮城県、～15日）。

3月14日 ●「第3回国連防災世界会議開会式」にご出席（仙台国際センター展示棟）。

4月8日 ● 戦後70年「慰霊の旅」で、パラオ共和国をご訪問（～9日）。

5月26日 ● 戦後70年「慰霊の旅」で、東京都慰霊堂をご訪問（墨田区）。

6月10日 ●「第45回戦没・殉職船員追悼式」にご出席（神奈川県立観音崎公園・戦没船員の碑）

6月17日 ●「北のパラオ」宮城県北原尾地区をご視察（宮城県蔵王町）。

8月1日 ● 宮内庁、皇居の「御文庫附属庫」と、「玉音放送」の原盤と音声を公表。

8月15日 ●「全国戦没者追悼式」にご出席（日本武道館）。

1月～2月 ● 過激派組織「イスラム国」（IS）による邦人人質事件で邦人2名殺害される。

3月14日 ● 北陸新幹線、金沢まで開業。

4月11日 ● オバマ米大統領とキューバのカストロ国家評議会議長、59年ぶりの首脳会談。

4月25日 ● ネパール、カトマンズ近郊でマグニチュード7・8の大地震発生。ネパールの周辺国でも人的被害が生じる。

5月29日 ● 鹿児島県口永良部島で爆発的噴火。全島民が避難。

6月23日 ● 沖縄県糸満市の平和祈念公園にて、「戦後70年沖縄全戦没者追悼式」開催。

8月14日 ● 戦後70年にあたって安倍首相談話。

編集協力
長岡信孝

彌永由美
竹村祐子

ブックデザイン
熊澤正人

デザイン・レイアウト
村奈諒佳（Power House）

本文DTP
（株）ノムラ

プリンティング・ディレクター
田中一也（凸版印刷株式会社）

校正
福田光一

写真提供

毎日新聞社　カバー表1, P5, 12-13, 14-15, 32, 40, 62, 64, 65, 66, 68-69, 77, 81, 99, 110, 116

朝日新聞社　P6-7, 8-9, 10, 11, 21, 28-29, 31, 34-35, 36, 37, 38, 39, 41, 44, 46-47, 48, 49, 50, 55, 57, 58, 59, 60-61, 63, 70, 74, 78, 80, 82-83, 93, 104, 105, 106-107, 108, 109, 111, 113, 114, 120

読売新聞社　P14, 16, 45

共同通信社　カバー表4, P17, 19, 20, 22, 23, 42-43, 76, 90-91, 94, 95, 97, 100-101, 102, 119

時事通信社　P18, 20, 25, 30, 32, 33, 52-53, 56, 67, 70, 71, 72-73, 79, 80, 84, 85, 86, 87, 88, 89, 92, 93, 96, 103, 112, 117, 118

AFP＝時事　P25, 26-27

EPA＝時事　P54

近田文弘　P15

天皇皇后両陛下　祈りの旅路

二〇一五（平成二十七）年十月十日　第一刷発行

編　者　NHK出版

発行者　小泉公二

発行所　NHK出版
〒一五〇-八〇八一
東京都渋谷区宇田川町四十一-一
電話　〇五七〇-〇〇二-一四七（編集）
　　　〇五七〇-〇〇〇-三二一（注文）
ホームページ　http://www.nhk-book.co.jp
振替　〇〇一一〇-一-四九七〇一

印刷・製本　凸版印刷株式会社

Printed in Japan ISBN978-4-14-009357-3 C0036